通往强盛之路

THE ROAD TO POWER AND PROSPERITY

杨国超 著

一本写给世界领导者的书

華文出版社
SINO-CULTURE PRESS

图书在版编目（CIP）数据

通往强盛之路 / 杨国超著. —北京：华文出版社，2015.11（2023.6重印）

ISBN 978-7-5075-4439-8

Ⅰ. ①通… Ⅱ. ①杨… Ⅲ. ①国家建设－研究 Ⅳ. ①D03

中国版本图书馆CIP数据核字(2015)第261942号

通往强盛之路

著　　者： 杨国超
责任编辑： 张明华
出版发行： 华文出版社
社　　址： 北京市西城区广外大街305 号8 区2 号楼
邮政编码： 100055
网　　址： http://www.hwcbs.cn
电　　话： 总 编 室 010-58336239　　发 行 部 010-58336202
编 辑 部 010-58336259
经　　销： 新华书店
印　　刷： 永清县晔盛亚胶印有限公司
开　　本： 710mm × 1000mm 1/16
印　　张： 14.25
字　　数： 210千字
版　　次： 2015年12月第1版
印　　次： 2023年 6 月第3次印刷
标准书号： ISBN 978-7-5075-4439-8
定　　价： 58.00元

本书若有印装质量问题，请与发行部联系调换

卷首语

伟大的思想照亮伟大的时代；

伟大的组织构建伟大的国家；

伟大的领导塑造伟大的强盛；

伟大的制度保障伟大的人民。

在强大的组织构架下，能够让人民享有充分的自由，激发人民的创造力，是一个国家通往强盛的必由之路。

登高望远，
善假于物。
顺风而呼，
闻者自彰。
凭舟乘楫，
以至千里。
高山巍巍兮蕴万千气象，
大江滔滔兮藏涓涓细流；
东西激荡兮咸比权量力，
文化交融兮贯合纵连横。
人至伟则静，
国至盛则平。
国超贤弟，
处平凡远忧社稷，
思圣贤温故述新；
言精微而喻大道，
析杂象而辟肯綮。
娓娓道来，语中俱脉，
侃侃而谈，乱里存真。
化宏于细，显微于简，

包举宏纤，揭奥于白。
拳拳挚心，跃然纸上。
余感其诚，偶吟数言。
是谓小序。

易罡（别号：微花）乙未仲夏撰于京

目录

前言

天下大势分久必合，合久必分，面对当今的天下大势，国际政治格局处于均势状态已经很久了，这种状态是世界各国政治精英们所要努力保持的一种国际政治状态，虽然这种均势状态目的是给世界带来和平，但是当均势状态发生改变时会给世界人民带来巨大的灾难和痛苦，世界发展逃不出历史的规律，未来世界将走向什么样的状态，它将会是一条怎样的发展道路呢？谁也不好回答！

《通往强盛之路》这本书提出了一个未来社会的文明状态——智能文明状态和社会发展的形式——智能核心型社会，总结了国家强盛的社会发展规律，构想了一个未来世界可能存在的国际政治发展趋势。同时这本书是一本探究国家强盛状态的研究性著作，可以通过对相关因素的评估进行国家强盛指数的对比和分析。

人类社会进入 21 世纪以后，面对一个全新的千年世纪，已经过去了 14 年，今年是公元 2015 年，但是人类社会的未来则越来越扑朔迷离，技术的发展使得人类的力量越发强大，人类社会已经走向强大的智能核心型社会，人类的文明开始进入智能文明状态，人类的力量必将得到新的跨越式的发展，这强大的力量如果掌控得当，将是人类的福音，如果技术失控于人类良知，那么将是人类的灾难，甚至是灭亡的开始。

就上一个千年世纪来说，人类总体上还没有毁灭自己的力量，但是在这个千年世纪的尾声，人类技术已经进步到完全有能力毁灭人类自己，如互联网、大数据、原子武器、基因技术、机器智能等，有可能连累地球和地球上的生命。悲观地来看，如果没有持续的对于真理和道义的追求，人类的良知有时是趋于泯灭的，请原谅我这一悲观看法，但是如果有一个负责任的、追求真理和有良知的政府，来为人类的未来承担起责任，人类也许是有希望的。

回望历史，展望未来，人类社会中泯灭良知的屠杀与战乱成为人类悲剧的根源，并继续延续着仇恨和悲惨。今天各国的纷争不断，由于利益、文化、富裕程度、宗教、种族、民族等因素，人类生活很难达到理想中的幸福美好。

如何消解人类的贪婪与愚昧，使人类变得高尚和理智，这是未来人类社会能否存在的依靠和保障。这还是需要一个负责任的人类政府，通过良好的教育培养合格的人，只有这些合格的人组成的未来人类社会，才有可能延续人类的良知并且健康地发展，从而避免人类社会人为地毁灭。当轻易可以毁灭人类的科技掌控于拥有理智和良知的人手中时，人类才能避免自我毁灭并防止外来灾难。

当然，本书是研究国家如何才能走向强盛以及影响国家强盛的因素有哪些，通过对这些因素的研究，能给一个国家通往强盛指出发展之路。但是本书的根本宗旨其实是人类的终极发展和对人类幸福美好生活的追求。

人类的发展和进步源于竞争，但是过分和畸形的竞争最终也将毁灭人类。就拿当今世界上的军费开支来说，每年世界上所有的军费开支如果全部加在一起将是一个极其巨大的数值，这些军事开支如果全部取消，对人类来说将是一笔巨大的福利。 通过对国家强盛的研究，使我更加坚信人类社会需要全新的政治治理形式，但是这个全新的政治治理能否给人类带来幸福和美好的未来呢？答案是无法确定的，能确定的是我们可以对新的政治治理形式加以影响和改变！

什么样的政治治理形式才能给人类带来更加强盛和美好的未来？这是值得我们研究和探讨的事情。面对高速发展的人类社会，迫切性问题已经是时不我待，人类技术的发展和人类思想意识的提高为未来奠定了思想和物质的基础，在可以预见的未来世界中，国际政治体系必将改变，也会改变人类的未来命运。这是人类的好运还是厄运，目前无法预知，但是我们一定要为未来掌握人类命运的领导者准备良好的模式与思想用以影响人类的未来。

在并不遥远的未来，哪个国家能够主导未来的世界格局？答案一定是最强大的国家才有能力主导未来的世界格局。今天主导世界的美国其实力在衰落，已经越来越难以单独主导这个世界，但是美国依然是当今世界最具实力的国家。未来主导世界的是实力，而非民主或是极权，这将决定着人类的命运。当然可能还有更糟糕的恐怖组织或思想极端的势力影响着未来的世界。

所以，未来在通往强盛的道路上，哪个国家或组织成功地走向强大，哪个国家或组织就会主导未来的世界。在世界还没有形成良好的世界体系之前，人类社会可能要经历各种苦难和悲惨。那么，在人类社会发展过程中，国家间的竞争必然还会趋于激烈，各国都会努力实现自己国家的繁荣与强盛，并努力在发展中谋求主导世界的实力。因此，在国家谋求发展的道路上，研究和分析影响国家强盛的因素，并加以改革、发展，同时研究和分析竞争国家的优势和劣势，为自己国家的发展提供判断和决策的依据是十分关键和必要的手段。

本书对影响国家强盛的因素和指标进行了分析与研究，并且进行了探索性的工作，目的是为国家的强盛提供一些可供借鉴的内容、条件和因素。由于本书是研究性的著作，所以必然有不成熟的地方，但是本人希望能为国家强盛的问题进行一些抛砖引玉性的研究工作。本书也可以作为一本定量和定性分析一个国家强盛指标的研究分析报告性质的书，通过对一个国家的强盛指数和影响强盛的因素进行测试、分析和评估，为国家的发展提供一个可以参考和借鉴的指标。

在此感谢培养和帮助我的老师、朋友和家人，是他们的无私帮助才有我今天的成绩。在此也希望人类社会更加幸福美好！

我曾经写过一首诗用以铭志，录在这里以飨读者：

铭 志

碧海舒新浪，
极目远山幽。
长路车行缓，
归心意恐迟。
牵手观春语，
携卷踏秋声。
居高思万民，
临下忧君心。

杨国超

于 2015 年 9 月 25 日

第一章 综 述

本书从学术的角度研究和论述一个国家怎样才能走向通往强盛之路，在通往强盛的道路上需要哪些必要条件，以及制约一个国家强盛的内外因素有哪些。本书还试图通过对每一个因素加以数值化，来量化一个国家强盛的程度。通过这些量化的标准和数值，可以对比这个国家过去和现在强盛的程度与发展的速度；也可以和其他国家对比，进行国家强盛方面的数据分析与研究；还可以由此建立理想国家的强盛指数，来和真实的国家进行对比。本书作为研究和论述一个国家如何才能通往强盛之路的学术性研究著作，作为一种学术性探索，在一些方面的论述可能还不够成熟。

在和我尊敬的老师探讨的过程中，我们发现人类文明演进的历史表明，任何一个民族或者一个国家都有其辉煌发展的阶段，并且在任何一个高峰阶段一定会有一个强大的领导集体，这一领导集体一定是顺应历史潮流，站在时代和历史的高度审时度势，顺应生产力发展的要求，建立起一个优秀的组织和相应的制度体系，来满足当时当下的社会和人的物质与精神等的要求，所以人民是国家强盛的基础和保障。因此中国有一句古话叫：水能载舟亦能覆舟，中国的先贤孟子也有“民为重，社稷次之，君为轻”这样的民本思想。

强盛——就是一个组织能够保持自己在竞争中的优势，而外来因素难以影响和改变这一状态。

一个国家或组织从弱小走向强盛的过程，其实也是这个国家或组织根据自身的条件和状况进行变革的过程。国家通过不断成功的变革，不断探索与自己的发展相适应的组织结构和制度建设，使得国家的发展状态和组织结构、制度建设达到最佳适应状态，且国家强盛的各项因素能适应国家的发展状态，这样的国家一定会走向强盛。

研究发现，民主不一定是通往强盛的必由之路，而高效强大的组织体系才是通往强盛之路的关键。只是在民主体制下的组织结构，往往要比集权或独裁更好地配置人才和资源，高效优秀的人才和资源配置结构才是通往强盛之路的根本。同时，通往强盛之路的因素，还有人们对组织构架和组织制定规则的遵守和认同的程度。从当今有些民主国家出现的问题看，由于这些国家在诸多因素方面，还没能达到建立适合民主体制的条件，所以民主给这些国家带来的就不是富强有时甚至是灾难。在这些出现问题的国家当中，选民的选票导致国家治理的退让，最终将会使国家走进发展的死胡同，陷入民主的泥沼，这也将预示着国家衰落的开始和通往强盛道路的终结。

影响国家强盛的因素有很多，而国家强盛和国家富有金钱是两个概念，国家强盛不一定金钱充足，比如当今的美国。国家在发展的过程中千万不要落入盲目追求金钱的陷阱中，而失去真正的目标——强盛！

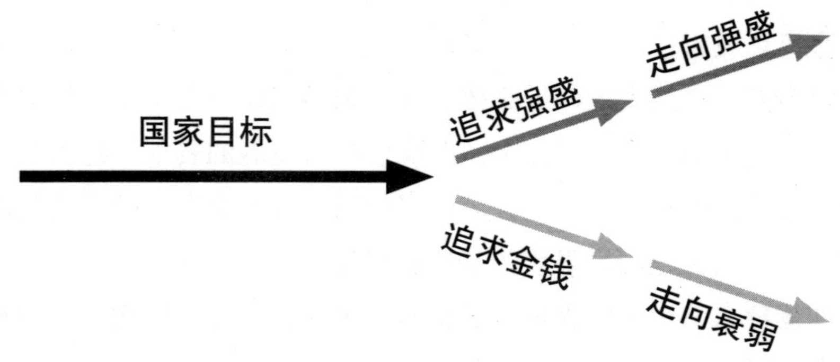

金钱财富过多对于国家来讲，如同人过于肥胖，不是强健的表现，有时反而是负担。由于贸易或掠夺等使得货币财富流通过多，导致货币对内贬值对外升值而使国家取得的财富化为乌有，空耗了真实的国力和国家资

源，那么这个国家的衰落是也将不可避免。这是通往强盛之路的障碍，也是很多国家最易走入的歧路，葡萄牙和西班牙衰落的根源就在这里，我们今天也面临着同样的风险。

另外，社会福利体制的目标是保障和刺激个人通过努力来为自己的命运负责。一个导致社会寄生现象产生的社会福利计划，将导致社会问题，最终拖垮国家。优秀的社会制度不是养懒人的制度而是激励人努力的制度。

总之，影响国家强盛的因素很多，本书尽力系统梳理影响国家强盛的各种因素，并进行研究和分析，使这些因素成为衡量一个国家是否强盛的研究目标和方法。

第一节 如何通往强盛之路

一个国家在通往强盛的道路上是永无止境的，每一个国家都希望能取得成功，并走向兴旺和强盛。但是纵观世界，古今中外只有部分国家能走向强盛，而很多国家都没能实现强国之梦。

我们通过本书来研究和分析那些古今中外的历史上公认的强盛国家，研究它们在立国之后是怎样从弱小走向强盛的。尤其是在这些国家或王朝快速发展的上升阶段，它们强盛的因素有哪些，它们的组织构架是什么样的，它们所处的时代背景是什么，它们的领导是谁，采取了什么样的政策，实行的是何种制度，国家的经济、军事、科学技术是什么状态，国家的思想、文化、教育是什么样的，等等。

通过对这些国家通往强盛道路的各种因素进行分析和研究，将有助于我们了解和认识这些国家通往强盛的原因，进一步对这些原因进行研究，从而找到这些国家走向强盛的规律。那么，励志图强的国家根据自己的实际情况加以研究和利用，就会有助于它们找到通往强盛之路的方向。

下面是国家通往强盛之路的路径：

弱小国家→符合国际秩序的发展→积累→扩张→打破旧有格局→建立

新秩序→新的国际平衡关系→强盛国家

在强盛之路上的崛起与扩张，要与自己当时的国家实力相适应，当过快的扩张（各个领域）超过了自己当时所能控制的极限时，强盛之路反而有可能因此断送。所以在通往强盛之路上的国家要量力而行，要尽量遵守国际规则、社会框架、普世价值、道德形象等根本原则，不能在这些根本原则上犯错误，使得国际社会找到借口，实施遏制手段，例如第二次世界大战时的德国、日本和战后的苏联在通往强盛之路的失败就是源于此。

因此，科学而理性的自我判断，通过各种定性和定量的实时评估，分析自己国家或体系的综合实力，并与利益相关国家或体系的实力进行客观的对比评估十分必要。最后依据评估结果制定相应的国家策略与长期发展战略。

一个国家能否强盛，在于这个国家是注重长远的战略性的利益，还是被眼前利益所左右而放弃长远利益。国家是强盛还是衰败，还要看国家发展战略的制定是以国家强盛为核心，还是追求其他目的，比如单纯追求经济利益，从而偏离国家强盛的基本原则。

总之，在国家通往强盛的道路上，可能会遇到各种各样的艰难险阻，但是只要始终不渝地坚持国家的发展，以国家强盛为核心思想，那么通过不断的变革和探索一定会走向国家强盛的康庄大道！

第二节 通往强盛之路的因素

一个国家成功走向通往强盛的道路，需要许多因素和条件。有些是国家内在的因素，有些是外在的因素，有些是时代的因素，有些是物质方面的因素，有些是精神方面的因素，等等，各种因素都会作用于一个国家。在国家通往强盛的道路上，有些因素可能是无法改变的，比如国家领土面积的大小、自然资源的多少等硬件因素，它们制约着国家强盛的起步阶段，但这些硬件因素不是本书重点讨论的内容。

本书主要通过研究影响国家通往强盛之路的各种软因素，来探讨一个国家如何才能走向成功的道路。这些因素有很多，本书旨在通过梳理这些通过努力可以改变的因素和条件，为国家走向强盛的道路提供理论依据。正如迈克尔·斯宾塞在《下一次大趋同》中所言：“如果公众相信他们的子孙能够因为他们的牺牲而生活得更好，他们愿意做出难以置信的牺牲。但是必须让他们相信，经济增长会产生这种结果，而且这一进程要有包容性，不会把一部分人排除在受益范围外。公众未必要求政府是民有的、民治的，关键在于要有一个有效的、民享的政府，并被人民感受到这是民享的政府。”

第三节 制约通往强盛之路的因素

一个国家要成功走向强盛的道路，制约因素很多，如果国家无力调整相关因素，则会使国家的航船转舵，驶向衰落与失败的方向。一个强盛国家的衰落大体上有内在因素和外在因素两个方面，当一个国家不再继续向强盛发展时，就是遇到了制约向强盛发展的瓶颈。这在内在因素方面主要是结构性的，一般是国家组织结构已经不适应新的发展，旧有的组织构架制约了发展，随之而来的是组织构架带来的相应制度的制约。如果此时国家的领导者没有看到问题或者没有能力解决问题，那么相应的一系列问题将接踵而来，国家将陷入衰落的泥潭而无法自拔。当国家衰落时，外在的因素也会进一步导致国家发展受到限制，国家甚至会被入侵和破坏。

其实制约国家强盛的根源是国家组织构架、国家制度和领导人本身，其他问题都是这些根本问题的衍生。很多国家想要突破这些制约本国强盛的体制问题，往往会进行改革，但是如果在设计国家组织构架和制度，没有考虑到国家变革需要适时调整构架和制度设计，国家强盛发展就会出现问题，在国内外利益集团的干扰下很难进行彻底的国家改革，这种问题产生后国家也将不可避免地走向衰落。所以在设计国家组织构架和制度时就应考虑到未来国家发展的问题，并在制度设计中引入可以改进组织构架和制度的自适应体系。

收入分配问题是未来每一个通往强盛之路的国家最要害的问题。尤其是劳动力逐渐由人转向机器后，大量的社会价值由机器产生，如果国家在收入再分配方面不进行有效调节，社会贫富差距就会加剧，从而导致社会不稳定，最终有可能使强国梦碎。

很多国家的分裂倾向是部分所在地区的人不被认同，而让他们觉得自己是二等公民。这种问题加之民族、宗教、种族、语言等原因，会使不认同感增加，进而加剧分裂与不稳定，国家就很难走向强盛。只有在就业、教育等所有政策中都坚持平等原则，并通过包容和文化的融合才能解决问题。

在世界历史上，土地一直左右着世界格局的变化。对于一个国家，土地问题是国家兴衰的根源之一。土地集中和兼并是导致社会危机的根源，也是中国古代王朝更替的主要原因之一。财产登记尤其是土地财产的登记，会释放大量的社会财富，一旦流转与兼并过分集中，将是一个巨大的社会问题。这是把双刃剑，如何才能处理好，用制度保护其良性发展是关键，比如一定份额或面积免税，而超过了就阶梯累进性地收取税费，使人不敢超量集中土地或房产财富，在这方面西方发达国家做得比较好。

制约国家强盛的因素很多，这些因素对国家强盛又有大小不等的作用，而随着时代的发展变化，有些因素变得无足轻重，有些新的因素又会变得举足轻重，所以要用历史的眼光看未来，把握好每一个事关国家强盛的因素，把制约国家发展强盛的问题加以解决，为国家的强盛铺平道路。

总之，影响国家通往强盛道路的因素有很多，主要有：国家的组织结构、领导人、国家制度、思想体系、文化因素、教育体系、经济基础、军事实力、科学技术、国家智库、国际关系、人才、社会保障、种族、民族与宗教等。这些因素处理得好，国家走向强盛的道路将指日可待，如果处理得不好，则国家的强盛之路就有可能终结。当然，时代在发展和进步，随着时代的发展，制约国家强盛的因素也许还会改变，只有把更多制约国家强盛的因素考虑好，才能使国家通往强盛的道路得到保障。

本书正是基于上述这些因素进行定量和定性的分析与研究，通过对这些因素的定量化的分析来认识和评估一个国家的国家强盛状态，还可以通过这些因素分析和评估相关国家的实力和状态，进而衡量一个国家的实际状态，为国家的发展和决策提供一定依据。

第四节　希望所有国家都走向强盛

进入21世纪，随着科技和信息技术的发展，地球已经成为人类的村落，但是在这个村落中各个国家的发展依然存在着巨大的差异，这些差异到底是什么原因造成的呢，其实不外乎前面所列出的一些因素。这些因素不是硬性的资源条件，主要还是“人”的问题。如果说一个国家的强弱以国土面积来界定，很多国家的国土面积相对比较大，却并不是很强盛，而有些国家的国土面积很小，资源匮乏，却走上了强盛的道路，它们是值得人们学习的，例如以色列、新加坡、日本。

本书论述的影响国家通往强盛道路的因素，涉及的是“人”的问题，是软的要素，通过改变国家中人的观念和思想就能拿到通往强盛之路的钥匙。希望本书的一些观点能够给一些国家一些领袖些许启示，虽然可能有很多不足之处，但初衷是希望国家强盛、人民幸福。祝愿每一个国家都能走向强盛，那么整个人类文明将会有一个巨大的飞跃。

最后，我们来梳理一下自人类进入文明社会以来，相应时代的主要国家强盛之路的历史和脉络。

在人类文明的开端，第一时期进入盛世状态的有位于世界西方的两河流域文明和古埃及文明，世界的东方有中国的夏商周三代，这是人类社会最早进入盛世阶段的三大区域。其中夏代的少康中兴、商代的商汤伊尹时代和周代的成康之治，是人类在奴隶分封制度下开创的盛世状态。比中国还要早的文明，是在世界的西方，在那个时代古埃及也开创了西方的盛世状态。但是由于时代的久远和本人缺乏有关西方研究的资料，很难进行更加详细的分析。从本书的立论来看，因为当时的社会发展状态与相对应的国家组织构架和制度达到了相互适应的状态，并且在优秀的国家领袖的领导下，才开创了当时人类社会的盛世阶段。在世界的东方，尤其是中国周代的成康时期，在周成王和周康王的领导下，周朝进入了全新的繁荣强盛时代，社会治理非常成功，有史料记载当时西周四十多年不曾动用刑罚。

成康之治的成功，原因在于周武王建立国家后，在周武王和大臣周公旦的主持下，建立了完备的国家组织构架和国家管理制度——周礼，周礼不仅是国家组织构架和国家管理制度，还包括了从教化社会到生产生活等各个领域的有关国家治理的系统制度和理论。这种适应当时的社会状态的一系列内容再加上优秀领导者的领导，周代开创了人类社会了不起的制度建设并由此带来国家强盛的状态。

此后，随着社会的发展，中国社会进入了春秋战国时代，周代建立的分封世袭制已经开始不能适应时代的发展，私有制开始逐渐取代分封制。旧有的社会体制已经不能适应时代发展的要求，时代需要新的国家组织构架和全新的社会制度。这时中国刚好进入百家争鸣时期，思想的活跃为全新的国家组织结构提供了各种政治思想理论。于是中央集权的大一统思想和郡县制等先进的国家治理理论，开始成为全新时代的指导思想。在这些思想指导下，秦始皇成为中国第一个中央集权帝国的缔造者。虽然秦始皇制定了全新的国家治理体系，但是由于新开创的国家治理体系还不能完全适应时代和社会的发展，再加上秦帝国的开创者秦始皇的突然死去，全新的政治体系失去了优秀领导的改革和调整，难以适应社会的发展，于是全新的政治体系——秦帝国失败了，没能缔造出全新的强盛之路。

紧接着是中国汉代，汉朝的建立基本上沿袭了秦代的政治结构体系，但是起初并没找到更好的治理思想来指导国家治理。直到汉武帝时，思想家董仲舒在吸收了孔子和其弟子的儒家思想体系后，再梳理糅合法家、阴阳家等思想，建立了全新的指导中央集权帝国体系的政治思想理论——儒家思想。这时的国家状态和全新的儒家思想为汉朝走向全新的强盛时代奠定了基础。

在世界的西方，大约同一个时代的罗马帝国也沿着自己的道路走向了一个强盛的时代。古罗马是建立在法律体系上的强大国家，它颁布了第一部成文法——十二铜表法。为了使庞大帝国的统治合法化，罗马的法学家们进行了大量的探讨和论证，制定了许多法律。这些法学家所关注的不是政治问题，而是立法问题，但由于他们在解释和论证法律时所提出的许多原则都涉及政治学的基本问题，他们的思想也就成为政治思想史的一个重要内容。古罗马的政治构架和理论体系是一种与东方不同的体系，但是也同样创造了一个强盛的时代，这也是人类发展史上一道伟大的光辉。关于古罗马时期的论述和著作很多，这里不再赘述。

回到东方，强盛的汉朝衰落之后，历经三国两晋时期，经过数百年的发展和变迁，中国的政治组织结构和人才选拔体制也在探索中发展，但是还没能建立一个全新的、与时代相适应的组织构架和制度体系。直到隋代，一种全新的政治组织构架和人才选拔制度的诞生，又一次为人类社会新盛世的发展奠定了全新的组织和制度基础，这就是创始于隋代的全新组织构架——三省六部制和人才选拔的科举制。历史绝非偶然，与秦帝国一样，由于这一全新的政治体系和时代还不能完全地相适应，当然还有领导人的问题，隋朝只经过短暂的繁荣就灭亡了。但是这种全新的组织构架和人才选拔制度，再加上已经完备的儒家思想，为唐代的强盛奠定了国家治理结构的良好基础。这种适应时代发展的全新的国家治理体系，以及在世界历史上也罕见的唐太宗李世民的领导才能，再加上一大批像文中子、魏征、房玄龄等那样杰出的思想家和政治家的共同努力，缔造出了全新的王朝——唐朝，造就了历史上最著名的贞观之治，贞观之治也是唐王朝强盛的标志。

继唐代之后，宋代和元代也相继进入了相对强盛的时代，而这时的西方由于受到宗教的影响，开始进入长达一千多年的中世纪时代，漫长的中世纪虽然在世界发展史上是一个相对落后的封建体制时期，但是正是这样的体系为后来西方的崛起奠定了强盛的基础。直到宗教改革和文艺复兴后，西方思想开始活跃和发展，才引领西方进入了全新的强盛时代——资本主义时代。由此东西方开始拉开了强弱的距离。这时在东方，宋元之后的明朝已经开始衰落。在明代之后的清代，虽然有康乾盛世，但是随着时代的发展，东方的政治组织构架以及制度的僵化和思想的禁锢已经明显地落后于世界的发展水平。西方在资本主义思想的启蒙下，正在孕育全新的国家组织构架和管理制度。

1688年，英国资产阶级和新贵族发动了推翻詹姆斯二世统治、防止天主教复辟的非暴力政变。这场政变革命没有流血，因此历史学家将其称之为“光荣革命”。在这场改变世界的没有流血的政治革命中，产生了人类历史上全新的政治组织构架——君主立宪制，和由此而产生的以民主与法制为基础的国家政治制度。在人类社会发展的历史上，又一种全新的国家组织构架和政治制度出现了，而这一组织构架的出现为国家领导的选拔提供了更加科学和合理的制度性安排。这是继中国的科举制以后，更加先进的人才选拔制度，这一制度的伟大之处是领导者的选拔也被纳入制度约束的体系中，这是人类政治发展的历史上，国家领导人的选拔方式的重大改变，民主选举使得领导人的选拔范围得到了扩大，优秀的领导人有更多的机会被选出，同时，不合格的领导人会更及时地被罢免。在全新的国家政治体系的治理下，英国很快走向强盛的道路，全新的资本主义国家治理体系自然成就了强盛的英国，日不落帝国的称号就是英国曾经强盛的体现。但是随后英国还是衰落了，衰落的原因从历史的角度看，还是英国的政治体系已经不能适应时代的发展，虽然英国实行了君主立宪制和相应的政治制度和体系的变革，但是英国遗留下来的贵族体系和社会财富的分配状态，依然制约着英国资本主义的发展。在这些旧体系制约下资本主义的力量不能得到充分发挥，这也就导致了英国的衰落。

于是，全新的更加赋予人民自由和权利的政治思想和组织构架，以及与其相适应的制度体系正在蕴育中，这一全新的领先世界的强盛体系，正在美洲的大陆上蕴育与发展，这就是美国的政治治理体系。对于美国的政治治理体系这里就不再多写，因为现在世界还是在美国的体系引领之中。

当然，在世界的东方，孙中山先生也在美国的政治体系下提出了自己的五权分制的政治体系，但是遗憾的是在中国的历史潮流中，当时还没有可以适应这种思想体系的社会基础，最后这种体系只能付诸东流。

通过前面的梳理可以看出，民主政治的美国体系不一定是国家强盛的最好政治体系，而一个好的政治体系要能和当时的社会发展状态相适应，只有当政治体系和当时的社会达到最恰当的耦合状态再加上优秀的领导者，这些条件共同具备后，国家强盛的巅峰才能出现。因此，随着历史的变迁和时代发展，只有适应了时代发展的政治思想体系，并在优秀领导的治理下，国家才可以成功地走向强盛的道路。

回顾过去，是为了展望未来，当今世界在交通技术和信息技术的引领下，社会体系已经变得扁平，互联网已经把世界变成家庭，智能终端——手机已经使每个人都是自媒体，都有话语权。世界正在改变，人类社会正走进智能核心型社会，随之而来的世界政治体系必将随着时代的发展而改变，而原有的国家组织构架、制度原则都在悄然地发展着、改变着，一旦条件趋于成熟，会有一种适应时代发展的政治体系引领世界的发展，并给人类带来全新的繁荣与强盛。

但是我们也不能不警惕，因为今天的世界所处的状态极其类似于中国古代的战国时期。世界充满了不稳定，战争与不公随处可见，而人类科技的发展使得世界趋于政治治理的一体化似乎不再具有障碍，全球的政治均势状态也会随着时代改变，未来的世界可能会在新的政治体系下完成人类社会的飞跃，但是其以何种方式和状态出现，是每一个关心此事的人需要思考和警惕的问题。世界是会在政治协商的基础上，有关国家让渡出权利，在现有的联合国的基础上成立一个更加强有力的世界政治体系，还是会在某一强大的国家实力扩展下统一在一个全球政治体系下？谁也不好回答。这个政治体系如果能够充分表达所有人民的意愿和诉求，世界趋向大同，也是人类社会值得骄傲的飞跃。然而一旦世界是在强权或极端思想的统治下，人民失去了表达政治诉求的权利，人类社会也许将会走向黑暗的深渊，这将是人类社会必须时刻警惕的切身问题。当然，在未来世界里，机器智能的发展也可能使人类的命运发生改变，更有科学家对智能机器取代人类甚至是灭亡人类提出警告，基因技术和生物技术也是可以轻易毁灭人类或灭绝种族的工具，更是值得今天人类警惕的问题，它关系人类未来的生存问题！

未来世界扑朔迷离，但是国家治理结构永远是世界发展的基石，通往强盛道路上的国家，永远离不开社会发展问题。只有国家走向强盛，人类社会才能进步，随着时代的节奏，踏入全新的未来，希望国家强盛，人民生活美好！

第二章　组织：强盛的力量

一个国家的强盛过程，就是这个国家的组织体系快速、高效地成长、壮大和完善的过程。一个国家针对其实际状态，建立一个能充分发挥这个国家一切资源的优秀的组织结构和系统，那么它就找到了通往强盛之路的钥匙。因为对于国家来说，组织结构是国家力量的源泉。

无论是中国历史上一个强盛王朝的诞生，还是世界上强盛国家的建立，都伴随着国家组织形式和结构的改变，以适应社会的发展和变革。比如中国周朝的建立就是从奴隶制走向分封制，秦汉的强盛是从分封制走向中央集权制，隋朝的强盛是建立了三省六部制，唐朝基本上沿袭了隋朝的国家组织结构，并在其基础上加以完善，最终蕴育出了强盛的大唐帝国，这种组织体系一直延续到清朝的康乾盛世。在西方，古罗马的强盛是建立了元老院制度，英国的崛起是光荣革命后的君主立宪的两院制，美国则是以华盛顿为首的领导人制定了创新性的三权分制的国家组织结构。

由此可见，当国家组织体系的变革适应了时代的发展时就会迎来一个强盛时代。时代在变化，一个国家要想走向强盛，首先就要审视这个国家的组织结构是否适应当时时代的发展，只有建立符合时代发展潮流的创新性的组织结构，才能充分调动和激发国家的发展潜力。

一个国家的组织结构的建立不是空中楼阁，而是在前一个时代的基础上，经过审慎的研究，兴利除弊，并根据当下的国家情况和国民整体意识来建立和制定的，以适应未来的发展需求。时代在进步，社会时刻在发展和变化之中，这种组织结构还要能时刻进行完善和改变以适应国家的发展，这样的组织体系才能成为一个国家强盛过程中的结构性保障。

第一节　组织结构是国家强盛的力量

对于一个国家来说，强盛与否的最核心的问题是这个国家的组织结构是什么样的，它是否与时代和国家的综合状态相适应。

一个国家的组织结构只有最大限度地发挥国家的潜在力量，对于这个国家来说它才是最优模式。回望中国的历史，周代的分封制是当时最适合那个时代的制度，也与当时的国家和社会状态相适应，于是周王朝延续了近八百年的统治。但到东周时期，由于时代的发展、社会的变化，周代的分封制已经逐渐难以适应这些变化，周王朝也开始从强盛走向衰落。在春秋和战国时期，旧有的国家组织构架已经无法适应历史的发展，但是新的国家组织构架还没有成熟，所以整个时代进入一种分裂割据的状态，分裂和割据使得国家逐渐衰落以至于最后灭亡，这种状态直到秦国的崛起才开始改变。秦始皇统一国家后，丞相李斯等人总结研究了前朝政治结构的弊端，提出了一种全新的国家组织构架，这就是秦始皇的大一统思想下的郡县制。在这种新的国家组织构架下，还制定了大量相应的国家制度体系，其中最重要的有统一度量衡、统一货币、统一思想（焚书坑儒）等各种力图适应新的国家构架的制度变革。秦国新的国家组织结构的建立和相应的制度改革在秦始皇去世后中断，秦代的继任领导者没有能力完成新的国家体系的建立，于是秦朝在农民起义的大潮下灭亡。但是随后建立起来的汉代却依然延续了秦代先进的国家组织构架——郡县制，并在郡县制的组织构架下完善了国家制度的建立，形成了适应大一统国家的思想体系——罢黜百家独尊儒术的国家思想体系。（当然，汉朝在建国之初，还是有一段时间部分延续了周代的分封制，但是很快陷入八王之乱的状态，可见适应时代的组织体系的重要性。）在新的国家组织构架下运用新的国家政策制度，新的国家组织构架适应和激发出了国家的巨大潜力，在这全新的组织体系下汉代开始走向强盛的道路。

随着时代的发展汉朝灭亡，国家陷入了分裂和割据的状态，既有的国家组织结构显然已经无法适应新时代的发展，但是经过三国两晋的国家制度试验时期，仍然没有找到合适的国家组织构架和国家治理制度，直到隋朝，新的制度雏形开始出现，三省六部制的国家组织结构和科举制的人才选拔制度，是国家政治组织构架的创新，于是国家发展随之进入新的高峰。到了唐代，在隋代的组织构架基础上经过完善，成就了盛唐帝国。可见一个国家的政治组织结构对于国家发展和强盛是多么的重要。

到了近现代，世界政治史上又出现了改变世界的新的政治结构，这就是以资本主义为主的英国的君主立宪制政治组织构架，和美国的以三权分立、权力相互制约的共和制国家组织构架，这是人类关于国家组织构架发展的进步在近现代时期的代表结构。这两种政治组织构架，成就了日不落帝国——英国曾经的强盛和美国今天世界霸主的牢固地位。因此组织构架能否适应国情、时代的发展是关系国家强盛的关键。可以说组织构架是国家强盛的力量核心。

第二节　强盛国家的组织结构分析

时代在发展，历史在进步，旧有的组织构架虽然创造了历史上一个个国家的强盛，但是随着时代的发展，当一种组织结构不适应历史的进步后，国家就会衰落。即便历史上成功的组织构架也会逐渐不适应新的时代对组织构架的要求，这时国家的组织构架只有创新才能体现人类文明的进步。但是每一种组织构架的变革和创新都是在旧有的结构基础上进行发展和变革的，因此，总结和吸取旧有组织构架的优点，通过创新弥补旧有的缺陷是国家组织构架发展可以遵循的一条道路。任何组织构架都不能凭空建立，因为政治体系的组织构架是需要由国家社会当时的状态来决定的，不适应国家现状的组织构架是无源之水、无根之木，即使建立也难以持久和良好地发展。

一个国家的政治组织构架和体系是由国民整体素养和国民思想状态所决定的，只有符合和适应国民素养和国民整体思想状态国家才能得到很好的发展，并根据国民教育和国民思想意识的培养逐渐建立符合国家社会的组织结构。

但是作为强盛的国家，它的国家组织构架应是什么样的呢？我们可以通过分析世界历史上成功的典型的结构来加以借鉴和学习，但是世界上存在的组织构架不能机械地照搬来，照搬来的构架是不会取得成功的。所以分析世界上成功的组织构架，根据自己的实际情况加以借鉴，这才是一个国家走向成功的最佳方式。

在这里我们对中国古代的汉代、唐代和西方的英国、美国等几个典型的组织结构进行分析，先从中国汉代的国家组织构架开始。汉代政府组织构架由皇室与政府两大部分组成。皇帝是一个国家的形象代表，统一的代表，皇室则是皇帝的私人家庭。宰相是国家机构的执行者，也是国家的最高行政长官，是皇帝的大管家，也是国家的大管家，即便是皇室也在宰相的管辖之内。

对比如下：

皇帝的“秘书处”：尚衣、尚食、尚冠、尚席、尚浴、尚书。

宰相的“秘书处”：“十三曹”，一西曹，主史署。二东曹，主升迁（两千石的大官升迁）。三户曹，主祭祀农桑。四奏曹，主奏折管理。五词曹，主词讼。六法曹，主邮驿科程。七尉曹，主卒曹转运，即管运输的。八贼曹，主盗贼。九决曹，主罪法。十兵曹，官兵役。十一金曹，主货币、盐铁。十二仓曹，主仓库。十三黄阁，主薄录众事。

中央政府组织由“三公”“九卿”组成。三公包括：丞相、太尉、御史大夫。职责划分：太尉主军事，武官首长。丞相主行政，文官首长。御史大夫主监察，辅助丞相，即副丞相。九卿包括：太常、光禄勋、卫尉、太仆、廷尉、大鸿胪、宗正、大司农、少府。太常，主祭祀。光禄勋，主门房。卫尉，主侍卫。太仆，主车辆。廷尉，主司法。宗正，主国家财经。大司农，主工商税收。少府，主皇室财经。

地方政府分为两个等级：一为郡，长官太守，食两千石，与九卿可以相互调任，无升迁之别。二为县，长官县令。汉时，全国郡约 100 多个，每个郡约 10 到 20 个县，全国 1100 到 1400 个县。

对于中央与地方政府的关系是，中央有丞相，丞相下面有御史大夫，御史大夫即御史承，刺史上属于御史承，年俸禄 600 石，实属小官，全国 13 个刺史，每个刺史监察不超过 9 个郡，根据政府规定的六条考察，别不多管，可谓小官大任。另外皇宫里还有 15 个侍御史，事弹劾国家和皇宫里的一切事情。而此时有两个路线汇总，即刺史与侍御史汇总给御史大夫，御史大夫再汇总给丞相。

当然，汉代初期，由于还受到先秦的诸侯分封的影响，汉初还是分封和郡县并行，但是经过八王之乱后，汉朝才逐渐规范了三公九卿的郡县制组织构架。

唐朝是中国古代社会中国家实力最强盛的朝代之一。唐朝开启了皇帝官僚政治体制，这种政治体制不仅为唐代社会、经济和文化的发展提供了制度上的保障，而且对唐以后各朝的政治制度也产生了深远的影响。

唐朝前期的政治机构基本上承袭了隋朝制度，但有所调整变化。在中央完善三省六部制，三省即中书省、门下省和尚书省。从魏晋南北朝到隋、唐之际，中枢政治体制演变的基本趋势是，中书省、门下省逐渐从内廷侍从机构演变为辅助君主进行决策的国家权力机构，与尚书省一起构成一个按职能和政务处理程序分工的有机整体。在隋唐时期国家法令（律令）规定的官僚系统基本制度框架中，尚书、中书、门下三省处于首要地位，三省分工制衡，共同组成最高政权机关。

三省制运作的基本特征是：三省长官共为宰相，宰相集体在设于门下省的政事堂议事；三省职权合并在一起才构成完整的宰相权力，中书省具有出令权和勘议权，门下省则署颁制敕、裁决庶政，其中门下省在日常政务的处理过程中处于枢纽地位。又由于三省之下的行政系统中，尚书六部

（吏部、户部、礼部、兵部、刑部、工部）成为政务执行的主体，所有其他的省（如秘书省、殿中省、内侍省）及寺监、诸卫、东宫、王府和地方官，都是掌管具体事务的部门，甚至御史台的监察职权也是围绕六部所掌行政而行使的(而且不同历史时期监察系统相对稳定)，所以称为“三省六部制”。

六部分掌全国各种行政事务，其办事处称为“都堂”，长官为尚书，副手为侍郎。下各设四司，长官为郎中，每第一司称为“头司”，其名称与本部相同；另三司称为“子司”。此外，六部之间有高低之分，吏、兵二部为“前行”，户、刑二部为“中行”，礼、工二部为“后行”。如此，不仅体现了各部在政府中的地位，且便于官员的升迁。秉承六部政令加以贯彻执行的事务机构还有九寺五监（九寺：太常寺、光禄寺、卫尉寺、宗正寺、太仆寺、大理寺、鸿胪寺、司农寺和太府寺；五监：国子监、少府监、将作监、军器监和都水监），它们也是重要的中央行政机构。

三省六部制的政权系统中，决策与行政分离已经完成并成熟，具有决策性的中书省和门下省在性质上已大不同于魏晋时期，不再单纯是皇帝的秘书、咨询和侍从机构，而是一个独立于皇权之外的决策、发令系统。原来作为宰相机关的尚书省，职掌和权力也发生了分化，尚书省的决策权转移到中书省和门下省，行政权保留下来，尚书省向职能化方向发展。皇帝则成为国家的最高领导人。

唐朝前期，三省六部制的决策与行政分离表现为：第一，三省中各省都有长官负责，有严密的下级机构，三省的长官与中下级官员在工作上有严格的隶属关系。第二，三省中各省是单纯的政权机关，而不是皇帝的个人附属机构。第三，在政务处理上，三省有明确的分工和紧密的联系，中书省负责决策、门下省负责审议，尚书省负责执行。由此，国家体制从皇帝贵族体制到皇帝官僚体制的过渡最终完成，并趋于成熟。

以上分析的是中国两个强盛时代的政治组织构架，当然也是人类历史上的强盛时代，但是当时代发展到近代后，传统的中国政治组织构架显然已经无法适应时代的发展。传统的中国政治组织构架已经相当完备了，但是中国古代的组织构架有着天生的缺陷，就是最高领导人是世袭制，这就使得难以选任更加优秀的国家领导人；还有一个致命的缺陷就是最高领导人和地方领导人的权力制约问题，实际上最严重的问题是最高领导人权力的制约问题，这是使中国历史上的王朝进入超稳定结构的治乱循环的历史规律的真正原因[①]，毛泽东和黄炎培的著名历史对话也是要解决中国的治乱循环问题。

当世界开始走向资本主义时代，相应的政治组织构架也发生了巨大的变化，困扰中国的组织结构缺陷在西方的探索和努力下正在得到解决，这些困扰古代中国的问题，从英国的君主立宪制到美国三权分立的共和制开始正在得到逐步解决，但是还没有得到更好的解决，这需要人类在政治组织结构方面进行大胆的探索和实践。

下面分析近代英国的国家制度。英国资产阶级革命确立的君主立宪政体大大削弱了国王的权力，议会及政府逐步掌握了治理国家的权力，使得英国走上资产阶级政治民主化的道路，加速了资本主义的发展。英国是世界上第一个建立君主立宪制的国家，这一制度的确立和不断完善，不仅对巩固资产阶级在英国的统治起到了巨大的作用，而且对其他国家的资产阶级建立新的制度有着巨大的影响。

英国的君主立宪制度是在传统的国家政治制度基础上发展建立起来的，早在 18 世纪时，英国国王还拥有实际控制英国国家权力的能力，随着社会的发展王权逐渐被削弱。时间到了 19 世纪中叶维多利亚女王时期，英国国王的实际权力已经衰落。英国法律对英王的权力具有很强的制约力，王权逐渐成为国家权力的象征，英国国家权力是通过议会和内阁来行使的。英国国王必须根据议会决议行使国家行政权力，但是英国国王名义上依然是世袭英国国王、英联邦国家武装部队总司令和英国国教的世袭领袖。

从英国的法律角度看，英国国王可以任免各级政府官员，并且可召集、停止和解散议会，批准和公布法律，统帅军队、对外宣战和媾和等权力，但是实际上并不参与国家实际的政府治理。与过去拥有绝对权威的国王相

---

① 参见金观涛和刘青峰《兴盛与危机》。

比，现在的英国国王只能是依照国家宪法规定行使权力，成为国家主权的象征。

即使这样，英国国王仍是君主立宪制国家政权中不可缺少的部分。即使是国家的象征，英国国王依然可以发挥维护国家完整、调解国家内部矛盾等方面的作用，还可以对内政、外交等问题发表自己的看法，关键时刻也可以行使宪法赋予的一些特殊权力。

但是在英国经过光荣革命以后，在1689年颁布的《权利法案》中就以法律的方式，限制了英国国王的政治权，以此来保证议会在立法、财政预算等方面的权力。光荣革命正式宣告了人类社会一个旧有的政治体系时代的结束，国家君王权力由法律赋予、受到法律严格制约的新时代的到来。

英国的君主立宪制的权力重心由此转移到议会。英国的君主立宪体制，通过议会行使立法权、财政权和对政府行政的监督权。虽然议会通过的法案还要要经过立宪君主即英国国王的批准，但这只是一种程序形式而已。君主立宪制的英国议会实行两院制，上院议员不经选举，由贵族组成，因此也被称为贵族院；英国下院则通过选举产生，贵族不得竞选下院议员。议员在下院任期5年，任期届满将全部重新选举。

英国的国家政府及其内阁是英国的最高国家行政机关。英国内阁由占议会多数席位的政党组成。英国议会在大选后，由英国国王任命议会多数党领袖为政府首相，政府内阁则由首相提名组建。政府内阁大臣则由议员担任。英国内阁的范本形式是英国中世纪末期的枢密院外交委员会，这个委员会是当时英国君主的咨询机构。到19世纪中期后，英国借鉴吸收了世界当时的政府形式，完善了英国议会、内阁的职能和制度，至此比较完善的英国内阁制逐渐形成，责任内阁制得到完善。责任内阁制体系的建立要求内阁对议会负责，接受议会监督。实际的英国政府运作中，内阁对议会负责的制度经常演变成内阁对议会、主要是对下院的控制。实际在英国的政治体系运行中，立法权和行政权并不完全分立，虽然议会下院是英国最高立法机关，但实际的立法却权掌控在内阁手中。很多议会的议案都来自内阁，大多会在议会优先讨论并通过。所以说英国的内阁既参与立法，又负责政府行政管理。

英国的行政体系为英国的强盛做出了制度的保证，成就了强大的日不落帝国。但是由于英国的政治制度还有很多问题没有得到有效的解决，比如立法权和行政权的模糊不清，君主立宪制度对贵族权力的制约有限等。所以君主立宪制被后来更加先进的政治体系所超越，这个政治体系就是以美国为代表的三权分立的政治组织结构。当代世界最强盛的国家是美国，而成就美国的国家组织构架也自然成为当今强盛国家的最佳组织构架案例。

美国是由许多州政府组成的联邦制国家，它的政权组织形式为总统制，以三权分立的政治组织构架和两党制的政党制度为基础构成的新型的国家政治体系。

美国的国家组织依据三权分立与联邦制度这两大政治思想而制定，当初在起草宪法时美国的开国领导者担心美国政府的权力过分集中于个人或某一部门进而危害美国人民的自由，所以在国家组织建构时将立法、司法、行政三种权力分别独立，互相制衡，为了防止美国未来政府的权力滥用。美国立国领导专门在宪法当中通过制度的巧妙制衡，对政府权力进行了限制。宪法规定立法机关是参议院与众议院共制的二院制议会；以联邦最高法院为主的司法机关；以由人民选举的总统为最高行政领导，设立副总统以协助政府治理，总统负责组建新一届政府，提名下设行政部的领导。美国政府的权力有联邦政府、州政府之分，宪法将有关各州自治权保留给州政府，州政府拥有立法、司法、行政诸权限，联邦政府的权力负责联邦整体的相关权力，如课税、财政、国防、外交、货币银行、出入境管理、对外贸易、国民福利、邮政、科学艺术等。

总统是美国国家的最高领导，政府最高行政领导，也是美国所有军种最高司令官， 美国总统的任期是 4 年，一届任满后根据宪法最多可以再任一期。美国总统任期内如果出现重大问题可以通过弹劾而解除总统职务。

美国总统体制中设有副总统一职，是总统的第一继任人选。

美国总统领导的政府机构设有 15 个部和多个专门机构的政府部门。这些部门负责贯彻执行法律，提供各种政府服务。联邦政府各个行政部门领导由美国总统提名任命。

美国的司法权由最高法院行使，美国国会可以随时制定和设立次等法院。司法机关的职责是，对国会的立法提出异议以及对要求司法解释的司法案件做出裁决，审理涉及触犯联邦法案的刑事案件。联邦法院具有超越州法院的司法管辖权，联邦法院还负责审理跨州案件和涉外案件。

美国宪法为保障司法独立，规定美国法官由总统任命，并由参议院批准，规定联邦法官如无问题可以终身任职，在职期间法官犯法会像总统或其他联邦政府官员一样遭到弹劾。

美国宪法把联邦政府所有立法权力赋予参议院和众议院组成的国会。美国众议院为美国国会两院之一。美国各州在众议院中拥有的席位以人口为基准比例，但不得少于一名议员。众议院议员人数法律规定为 435 名。众议员任期两年，没有连任限制。众议院议长由议员选举产生，通常是多数党领袖。

美国参议院是美国国会两院之一。美国每一州在参议院中的席位都是两位，代表各州行使权力。参议员任期六年，每隔两年改选约三分之一的席位。美国副总统任参议院议长，但是不具有参议员资格。参议院拥有列于宪法而未授予众议院的权力。其中最重要的是，美国总统批准条约或任命重要人事时，须“采酌参议院之建议并得其认可”（美国宪法第一章）。

建国初期美国为邦联制国家。到 1787 年制定的《美利坚合众国宪法》改国家结构形式为联邦制，在建立统一的联邦政权的基础上，美国各州仍然保有相当广泛的属于州的自主权。联邦设有最高的立法、行政和司法机关，有统一的宪法和法律，国际交往时代表国家的主体；美国各州有各自的宪法、法律和政府机构；如果美国各州的宪法和法律与联邦宪法和法律发生冲突，联邦宪法和法律优于各州的宪法和法律。美国宪法列举了联邦政府享有的权力，如征税、举债、铸币、维持军队、主持外交、管理州际和国际贸易等。未列举于宪法的其他权力，除非宪法明文禁止各州行使者外，都为各州政府保留。州政府的权力主要是处理本州范围内的相关事务，比如以地方名义征税，管理州内各项事务，组织警卫力量和维持州内公共安全等。联邦政府和地方政府的具体权限根据时代的发展而不断有所变化完善。

美国的政党内部组织非常松散，只是一部“选举机器”，只有在各级选举时才组织运作。美国民主党和共和党两个大党在美国没有正式的组织来管理会员、活动、政策制定等事宜，一般由一些州层次的组织负责管理相关事务。美国选民可以自由注册成为某个党派的成员，可以自由投票给某个党派，政党无权限定选民的投票选择，政党也不会给选民针对该党派任何特殊的权利或义务。选民可以随时改变自己参加某党会议的去向。同样，登记的选民也可以依法、依程序“随时”变换政党和投票选择。

民主党和共和党都有自己的全国委员会，功能是筹款、组织宣传活动，尤其是积极准备总统大选。两个大党的全国委员会的成员构成都主要由州党派的代表、附属组织和其他党派重要人士组成。但是各党的全国委员会没有权力去指导党派内个人的行为。虽然每个党都有一个主席，但这个主席并不真正是此党派的“领导人”，一般也很难说谁控制着美国政党中的领导权，通常是官居高位的人是实际上的党派领导人，像美国总统、上下两院的领导人等，虽然是“领导”，但无法强求党员，需要自愿跟随才可以。

美国总统的民主选举，其实是间接选举制。先由各州选民投票选出本州选举人，再由拥有投票权的各州选举人同时在各州首府投票选举正、副总统。美国国家制度是总统共和制，实行严格的三权分立的国家政治构成体系，确保美国总统与国会在权力上相互制约，而且美国总统和国会人选的产生途径也各不相同。美国宪法和相关法律规定，美国总统每四年举行一次选举，称为“大选”；国会则是两年一次选举，称为“中期选举”。

从世界历史上四个代表性的强盛国家来看，随着时代的不同，国家政治组织构架也有所不同，但都是适应了当时发展的状态，都代表了当时最先进的国家组织构架模式，并且为了国家持续长久的强盛，当时的国家对国家组织构架也进行了一定的调整来适应时代的发展，也就是改革。但是旧有的国家组织构架随着时代的发展，由于不能从根本上进行国家组织构架的改变，所以难免被时代所超越。哪个国家组织机构更能适应时代的发展，更能够根据时代的发展而改变自己，那么这个国家的强盛状态就持续时间更长久。

美国是当今世界上的超级大国，但是时代的发展也使美国的国家显现疲势状态，这也是美国的国家组织结构已经开始出现难以适应时代发展而产生的新问题。美国的国家组织构架中两党竞争，通过选民投票来获得国家领导权的方式虽然是目前权力制约的良好模式，但是由于选民自身利益所限等问题，使得国家在治理中难以做出于国家长远有利而短期损害选民利益的政治抉择，致使国家的积弊日深，这在美国政府沉重的债务负担上体现得最为明显，美国因此会陷入选民意志的泥沼中难以自拔，如果不能改变这一现状，美国终将成为陷入泥沼中的巨象。

由于选举的背后是财力的较量，美国政治必将被资本所左右，而逐利是资本的天性，这就使得美国政治成为资本主导的政治，因而政治家的长远而有利于国家的政策将难以实施，政府效率将大打折扣。政治目标被利益集团左右的状况，必将深深损害美国长远的国家利益。

本节通过对四个强盛国家的组织构架的分析，可以得出不同的组织构架对于不同国家强盛之路的正反作用，可以给未来世界建立更加完善和先进的组织构架提供具有参考和借鉴意义的模式。

第三节　组织变革是国家强盛的保证

任何一个组织系统，都不可避免地会走向衰落，但是如果组织具有自我修复和创新功能，那么这个组织就会更加长久和强盛。

对于一个国家组织来讲，任何组织体系都会因为时代的发展、社会的变化，使得旧有组织不能适应新的社会发展和变化，这时可以通过组织的变革来适应新的社会发展，保持强盛的持续和进步。只有能根据实际国家的状态进行自我修改的国家组织体系，才能保障和延续国家的强盛道路。

即使像美国这样的国家组织构架，也是在不断的发展和变革以适应新的国家发展状态。美国是在英国殖民地的政治状态下，通过独立战争成为一个独立国家的。在建国之初，美国的建国领导者们在对新的国家采取什么样的国家政治组织结构，进行了深入的研究和探讨。美国的先贤们，通过对当时世界上的国家组织结构和制度进行深入的研究，决定本着对人民负责的态度进行一个理想的国家体系的创造性的创建，以当时欧洲先进的政治思想为指导，创立了权力相互制约的三权分立的国家政治组织构架，在这样的组织构架下，又进行了全新的制度创新，也就是以美国宪法为核心的组织机构和法律体系。

于是一种人类社会发展历史上全新的政治组织构架诞生了，这种构架在建立之初也是很不完善的，直到美国南北战争爆发，美国北方政府在林肯总统的领导下，通过解放黑奴等一系列的政治改革使得美国的政治组织体系进一步完善，在避免美国分裂的基础上进行了一系列的政治改革。

南北战争是美国历史上的重要节点，在国家的组织构架上使美国由松散的联邦彻底转变为统一的合众国，这种组织构架能更好地维护国家统一。南北战争是一场维护国家统一的战争，为了战争的胜利，北方废除了奴隶制，随后南北战争演变成为一场黑奴为了自身自由而战的革命战争。南北战争不但改变了当时美国的政治形式，导致奴隶制度在美国南方被最终废除，也对美国国家组织构架的变革产生了深远的影响，在国家组织构架变革的基础上，制度的变革进一步解放了生产力，使得美国国民尤其是黑人奴隶的生产力得到了充分的释放，美国因此更加强盛。

在美国二百多年的历史发展过程中，自宪法签署完成后，仅宪法修正案就已有二十七项修正案获得批准，其中前十项统称《权利法案》。对美国宪法的修正程序由美国宪法第五条规定。它是美国宪法规定的唯一合法改变宪法的形式，是美国宪法的重要组成部分，代表了美国宪法制度的基本发展方向。

美国宪法修正案，通过组织和制度的变革来适应时代的发展，对美国这个新兴的国家保持持续强盛发展，成为当今世界最强盛的国家有着密不可分的关系。

一个国家在通往强盛的道路上，它的组织构架一定是可以自我调整和变革的。但是这种调整和变革如果不能由制度来保障，那么它往往受到多种因素的制约，比如外部和内部条件的变化、国民意识的变化，当然还需要领导者有勇气和魄力等，需要具有前瞻性的眼光来正确把握变革的方向。所以组织变革如果能得到制度的保障，那么这个国家的发展将会得到更好的促进。只有适应发展的组织变革才能保证国家健康强盛地持续发展。美国持续两百多年的强盛之路，正是在宪法的基础上保证了美国国家组织变革，可以说正是最高法典宪法的保障，才能使得美国长盛不衰。因此，在通往国家强盛的道路上，如何保障国家组织结构科学合理地适应国家发展的变革是关键要素。

第四节　理想的国家组织结构设计

回顾历史，世界上成功走向强盛之路的国家和王朝有很多，但是都没有逃脱历史的轮回，没有一个永远保持其强盛的道路而不偏离。这是什么原因呢？刘青峰和金观涛的著作《盛世与危机》对中国的盛世进行了科学的研究和分析，给出了可供借鉴的理论和答案，感兴趣的读者可以参阅他们的著作。

其实从历史发展的规律来讲，世界上不会有永远长盛不衰的国家，如同人不可能永远不死，是一个道理。但是如果从学术的角度或在理想模式下，应该是可以有长盛不衰的理想国家的模型的。如柏拉图的《理想国》一书中关于国家的探讨一样，可以试着探讨和构想一个国家的组织构架，以及在什么样的理想模式下才能够久盛不衰。

本书提出一个理想的国家组织构架的设想，这个组织构架是能够根据时代的变化，随时调整并且能够很快适应新的时代和社会变化的一种自我组织和自我完善的体系。在结构设计时就能够保证国家组织构架这种自我完善和自我修复的形式，才能确保国家在通往强盛的道路上能够适应时代和社会的变化。同时，这种组织构架能够将最优秀的领导者培养和选拔到领导岗位，将不合格的领导者能通过组织构架机制淘汰出领导岗位，并预防领导者滥用职权和腐败变质。国民能在国家组织构架下，获得充分的平等和自由，充分利用国家组织结构的优势，发挥出国民的创造性、积极性和生产力。这样的国家组织结构能够快速和有力地调动国家的一切能力，来应对国家内外的各种状况。

这些是理想国家组织构架的原则性理论，但是一个国家不会永远是理想状态。历史的规律表明，一个强盛国家的发展规律是，一开始探讨和寻找出新的通往国家强盛的组织构架，最初难以适应新的组织构架带来的变化，在经历了这样的不适应期后，国家的组织构架经过调整和磨合逐渐适应了国家发展，国家开始快速强盛起来。但是一旦达到强盛的巅峰后，国家组织构架又开始制约国家的发展，这时就需要改革了。在优秀领导的指挥下，对组织构架和相关的制度体系进行改革，国家将进一步强盛发展，达到又一个发展高峰。如果这时领导者不够优秀，那么国家的改革将很难实现既定目标，只是在细枝末节方面进行一些象征性的改变，以回应各个方面的不满，这时国家就会开始走向衰落，直到被历史所抛弃，明治时期的日本和清末的光绪时期是最具代表性的正反两方面的例证。

第五节　国家组织结构与国家力量

一个国家是否有力量，是否强大，与国家的组织结构是否有激发和调动国家一切力量的能力有关，所以组织结构是国家力量的体现。一个适应国家状态和时代特征的组织结构，才能最大限度地发挥国家的力量。

今天的社会有着和历史上任何时代都完全不同的状况，因为信息技术的发展使得每一个人都能最快获得外界的信息，互联网使得每一个人都能成为强大的自媒体，智能手机的普及使得人们没有交流的隔阂，交通技术的发展使得地球变得如同村庄，制造技术的发展使得人类可以不需要自身的劳动就能获得各种产品和财富。世界正在发生巨大变化，国家的政治权力、财富权力、信息权力因为技术的发展而迅速的由上层社会向下层社会普及，上层社会的权力因此正在向下层社会分散。

其实人类社会的发展和进步，就是人类政治权力、财富权力、信息权力等重要权力的解放，而每一次社会的巨大发展和进步，都一定是因为这些巨大权力的进一步解放，给国民以新的自由，这些自由激发出国民巨大的热情和创造力，这些热情和创造力把一个国家和社会推向新的历史高峰，并创造出新的强盛国家。

所以，一个国家组织结构是否能适应当下社会的发展状态，是否能在组织构架和制度体系上更加充分地解放各个阶层的权力束缚给国民以更加充分的自由，才是权力解放的关键，而权力的解放必将激发出巨大的国民的热情和创造力，那么这个国家的力量将得到空前的提升，国家力量的提升也就是国家强盛的表现。

第三章　领导：强盛的灵魂

领导人是国家强盛的灵魂。纵观古今强盛的路径，领导人是决定强盛的关键因素，没有优秀的领导国家不会走向强盛。强盛的国家失去了优秀的领导人，将迅速走向衰落，古今中外概不能走出此规律。如中国古代的秦帝国，当优秀的领导人秦始皇突然死亡，秦帝国没有优秀的继承人时，导致秦帝国迅速衰亡。古希腊、古罗马，世界各大强盛国家的强盛与衰落，领导人的优秀与否都起到了决定性的作用。

言组织必先说领导，无论何种组织，领导人都是这个组织的灵魂。例如奠定美国强盛的开国领袖华盛顿，如果没有华盛顿的远见卓识，毅然决然地放弃人们立他为帝王的强大政治诱惑，进而试验性地建立人类历史上全新的政治体制，也很难会有今天美国的强盛。这种制度在美国走向强盛的过程中，对于领导的选择发挥了很好的作用，使得美国持续走向强盛，其中像门罗、林肯、罗斯福等都在美国走向强盛的道路上做出了卓越的贡献。所以一个国家或组织的领导怎么样，对国家走向强盛还是衰亡，起到了决定性的作用。只有具有高超领导水平和人格魅力的领导人，在具有使命感和前瞻性的决策下，才能带领国家走向强盛。

对于一个国家来说，通往强盛的道路是充满坎坷和曲折的，往往受制于时代和当时的国家条件，仅仅凭借一代领导人是无法完成国家的强盛目标的，有时需要几代甚至更多的领导人前仆后继不断努力才能实现，领导人对接班人的选择是关键问题，也是强盛的关键。

回望历史可以看出由于接班人的选择不慎，导致国家从强盛迅速走向衰亡的典型，就是秦始皇突然去世，接班人胡亥不具有领导人的能力而使强秦迅速走向衰亡。中国历史上的很多王朝也都有这样的问题，只是程度不同，这是中国古代帝国组织构架和制度发展的必然。

相对来说，美国的领导人选拔制度是目前来看比较优秀的接班人制度，不足之处是为了讨好选民，有时会不顾国家的长远利益，一味迎合民众的意愿，也会使国家走向危险和衰落的境地。比如美国的债务和福利将是美国强盛的隐患，一旦美国无法用各种实力（如武力）维持国家的霸权时，美国的衰落将不可避免。但是美国是通过良好的制度选拔领导人的国家，这种制度化的领导人选拔避免了如中国古代领导人一旦出现问题，国家就会走向衰落的问题，也是当前世界上相对较好的领导人选拔制度。

意大利人马基雅维利的著作《君主论》对领导人的特性进行了系统的研究与剖析。中国曾经作为世界最强盛的国度，拥有丰富而翔实的历史书籍，其中有关于治国经验以及对领导人素养培养和能力要求等方面的著作。

中国古代优秀领导人的治国经验和理念也是我们最好的参考，在这些优秀的领导人中，带领国家走向强盛所要拥有的能力是关键，这在中国的古代典籍中有丰富的内容论述，无论是尚书、周书还是诸子百家等著作都有丰富而翔实的阐述。古代中国的政治体系中对领导人的能力要求很高，因为一旦领导人出现问题，这个国家就会相应的出现问题，这是古代中国政治体系的特点所决定的，而现代西方以美国为主的政治体系可以自我调整，当领导人不能胜任领导地位时通过选举可以选择新的优秀领导者，在古代中国则不具有这种调节机制。所以，这是古代中国领导人选拔制度体系的问题，也是古代中国明显的制度缺陷。可喜的是今天的中国已经解决了领导人选拔的问题，避免了古代中国帝制体系下的领导选拔问题。

一个国家在通往强盛之路上，往往不是一代领导人能够完成的，都是经过几代领导人的共同努力完成的，所以领导人选择接班人十分重要，历史上有太多失败的案例，令后人警醒！当然一个国家的政治体系对于领导人选拔制度是关键，这与国家的组织结构密不可分，也决定着国家未来的强盛。

第一节　领导的使命与前瞻性

优秀的领导人本身就要有一种使命感，对于国家的强盛具有责无旁贷的责任感和使国家长期强盛发展的使命感。领导者的雄心壮志并不是建立在个人成就的基础上的，他们对国家长期发展的使命感往往更能激发国家民众和社会的潜力，这种使命感也是领导者领导力的根本。领导人要对国家出现的问题进行实时的把握并加以改变，对一个问题要有与众不同的判断和长远的眼光，所以领导人的前瞻性十分重要。

领导人的使命感是一个国家建立并走向强盛的强大动力，比如美国建国的第一任总统华盛顿，就是一位使命感极强的领导者。独立战争前，华盛顿在美国极端严峻的形势下，始终致力于北美人民的独立事业。华盛顿利用自己的影响力，把原来自由、散漫，缺乏组织纪律和统一指挥的美军组织起来，在战斗中锻炼成长，逐步建立了一支强大的正规军。华盛顿号召美军士兵要为自由而战，指出：美利坚人是自由的还是奴隶，我们的田产应当归自己还是被劫夺、被毁坏，两条路，一条是勇敢地反抗，一条是驯服。

在华盛顿的领导下，1777 年 10 月，美军在萨拉托加大败英军，从而扭转了整个独立战争的局面。与此同时，美国为了孤立英国，在欧洲各国进行积极的外交活动，努力争取法国等对美国的援助。1778 年 6 月，在法国的支持下，法国军舰开进美国，迫使英军从费城撤退，把主力转移到南方港口城市约克镇。在法国海军封锁海港的行动下，切断了英军海上补给线并断绝英国军队退路，华盛顿率领美国军队猛烈攻击英国军队。迫使英军统帅康华理率领 7000 名英军在约克镇投降，在华盛顿的领导下美国独立战争取得了最终的胜利。并于 1783 年，签署《巴黎和约》，英国正式承认美国独立。

为了保证美国长远的发展与强盛，独立战争胜利后，在华盛顿的主持下进行了制宪会议，制定了人类政治发展史上第一部宪法，这部宪法确定了美国实行的政治制度，规定了以立法、行政、司法三权分立相互制衡为原则的总统制民主共和政体。美国宪法的制定也标志着人类政治发展史上一个全新的政治组织结构和政治体制的诞生。

制宪会议后，华盛顿当选为美国第一任总统，总统任期届满后回到弗吉尼亚芒特弗农山庄继续经营自己的种植园，享受宁静的田园生活。作为美国开国的奠基人，华盛顿完全有能力成为美国的君主，但是为了实现一个人类理想中的国家制度，他不为权力而动，这是人类历史上极其少有的政治品格， 随着美国制度的优势给美国带来的强盛与繁荣，历史的发展赋予了华盛顿在人类政治进步中无尚的荣耀，也为世界带来了全新的发展方向。

我们不知道当时华盛顿是否为自己考虑过。因为在那个时代，还没有人民自己管理自己的先例，当时的大国都是国王统治，而历史基本上也可以说是王权史，更没有过在一个大国建立共和政府的创举。孟德斯鸠就认为共和政体只适合小国，大国则宜于由专制君主治理，而在欧洲则普遍认为，由人民自己治理国家，最终只会导致无政府主义和天下大乱。华盛顿为美国也为世界进行了一个全新的政治结构和制度的设计和规划。

华盛顿作为领导者的人格魅力，在一次决定美国历史发展方向的军官大会中可见一斑，他呼吁军官们不要“打开内乱的闸门”，而应“让你们的子孙后代在谈到你们为人类做出的光辉榜样时，有理由这样说，倘若没有这一天，世界决不可能看到人性能达到如此至善至美的境界”。人们似乎不为所动。在演说快要结束的时候，他从口袋里掏出了一副眼镜。他说：“请允许我戴上眼镜，为了这个国家，我不光熬白了头发，还差点弄瞎了眼睛。”华盛顿的这番肺腑之言，打动了人们的内心，把面临暴政和内乱的美国拉向了正轨。在华盛顿等一系列美国的建国领导集体的努力下，美国人民争取自由，也得到了自由， 美国经过独立战争而立国是世界政治历史上最重要的发展阶段。1776 年的《独立宣言》庄严地向世界宣告：“我们认为下述真理是不言而喻的：人人生而平等，造物主赋予他们若干不可让与的权利，其中包括生存权、自由权和追求幸福的权利。为了保障这些权利，人类才在他们中间建立政府，而政府的正当权力，则是经被治者同意所授予的。”美国的建国历史，也见证了人类政治制度的伟大进步。美国的大门向不容异说和专制政治的受害者敞开着。而爱尔兰民族主义领袖亨利·格拉顿则鞭策自己的同胞：“在你们确定当奴隶的可行性之前，请始终朝美国看。”

从1775年率领大陆军，到1783年颁布命令宣告“美利坚合众国与大不列颠王国休战”，华盛顿为美国的立国进行了整整8年的战斗。潘恩曾经赞美地说“太阳从来没有这样照耀过一个更足称道的事业”，而华盛顿是美国独立过程中最伟大的战士。全新政治体制造就了一个强盛的国家，也成就了华盛顿的伟大政治理想，在人类政治体制发展的历史上他的声誉也必将标榜史册，他是美国民众心中独一无二的偶像。他没有对绝对权力的野心，即使在担任美国总统期间也没有被最高权力所俘获。华盛顿让世界第一次认识到，人类可以为独立和自由而战，而不是为权力而战。华盛顿对世界政治发展做出了史无前例的贡献。

美国之所以成为当今世界上最强盛的国家，正由于以华盛顿为首的美国开国先贤们的使命感和前瞻性眼光，奠定了美国制度的优越性，使得美国能在历经两百多年的时间后成为人类历史上又一个强盛的国家。这些领导人的使命感和前瞻性让后人钦佩，也成为有志于国家强盛的后来领导人学习的榜样。

第二节　领导的修养与素质

一个领导人所具有的修养与素质要经过学习与实践而历练成长起来。东西方众多的书籍和历史的故事对领导人素质的论述也很多。在世界历史发展长河中，可以看到领导人的修养和素质决定着国家的兴盛与衰亡，因此领导人是国家强盛的希望，优秀的领导人将带领国家走向强盛之路。这当中美国总统林肯的故事给了我们很多启示，是领导人修养和素质的榜样。

林肯出身卑微，却成为美国历史上最伟大的总统之一。在他任美国总统期间，美国面临着南北分裂的局面时，林肯力挽狂澜避免了美国的分裂，这对美国后来持续发展走上强盛之路至关重要，在南北战争中他解放了美国黑奴，洗刷了美国历史上不光彩的一页，而林肯却不幸死于刺杀。回顾他的一生，他因家庭贫困，而没有太多正规的学习，知识几乎全是凭借自己的刻苦自学得来的。林肯想成为一名律师，便通过自学学习法律知识，并细心观察律师的辩论。有时候法庭开庭，他会徒步走上十五、二十里的路程，去听律师的辩论。为增强他讲话时的感召力，他还去教堂观察牧师说话时的口气与姿态，并在田间干活时对着空地练习演讲技巧，直到成为一名优秀的律师。

年轻时的林肯没有固定的职业，为了谋生努力打拼。林肯后来成为一名土地测绘员，因精通测量和计算，常被人们请去解决地界纠纷。在艰苦的劳作之余，林肯还是一个热爱读书的青年，他夜读的灯火总要闪烁到很晚很晚。在青年时代，林肯通读了莎士比亚的全部著作，读了《美国历史》，还读了许多历史和文学书籍。他通过自学使自己成为一个博学而充满智慧的人。他在政治集会上抨击黑奴制，提出有利于公众事业的建议，这些行动使得林肯在美国的公众中产生了影响力，由于他杰出的人品和才能，他在 1834 年被选为州议员，并于 1846 年选为美国众议员。林肯作为辉格党的代表，参加了国会议员的竞选，并获得了成功。关于美国是否废除奴隶制度的争论，成为当时美国政治生活中广泛关注的大事。在这场奴隶制存废的争论中，林肯支持废除美国的奴隶制。他认为奴隶制度最终应归于消灭，并倡议首先应该在首都华盛顿取消奴隶制。由于奴隶制给美国南方种植园主带来巨大的利益，南方蓄奴主义者则想尽一切办法反对林肯。在 1850 年前后，美国的奴隶主势力强大，他们迫使林肯退出国会。但是在林肯的不懈努力下，1860 年，他成为共和党的总统候选人，选举揭晓后他以 200 万票当选为美国第 16 任总统，但在奴隶主控制的南部 10 个州，没有一张选票支持他。

林肯十分睿智，当有人笑话他的父亲时，林肯幽默地说：“不错，我父亲是个鞋匠，但我希望我治国能像我父亲做鞋那样地娴熟高超。”林肯的演说水平十分高超，十分善于用通俗的语言来表达最深刻的道理，他最常被人引用的名言是："你可以在任何时候愚弄某些人，也可以有时愚弄所有的人，但你不可能总是愚弄所有的人。"

生活对于林肯虽然坎坷，但是饱经挫折的林肯却仍乐观积极。纵观林肯的一生，他坚持不懈地拼搏与奋斗，即使是他的政治对手都对他敬佩不已。斯蒂芬·道格拉斯这个两次击败过林肯的竞选对手在评价林肯时说："他是他党内强有力的人物，才智超群，阅历丰富；因为他那副滑稽可笑和说笑话不动声色的模样，他是西部最优秀的竞选演说家。"南北战争中南方军总司令罗伯特·李将军也曾言：林肯是他一生中最敬佩的人，尽管他们的政见不同。

林肯立志从政，但是始终不改其做人的本质。当然，作为总统的林肯并不是一个完人，他也有许多普通人的毛病，但是他善良、富有正义感，他十分通情达理，是一个积极和顽强的人。林肯成功当选美国总统后，以极大的努力推翻奴隶制，这也使他成为美国历史上最伟大的总统之一。在面对国家分裂危机的时候，他果断地处置，通过南北战争统一了美国，为美国的未来强盛之路奠定了坚实的国家基础，他坚信《独立宣言》的开场白：人生来平等。在林肯的努力下千千万万的美国老百姓获得了幸福，尤其是美国的奴隶！

美国著名文学家爱默生曾评论林肯说："他是一个没有假日的总统，一个没有晴日的水手。"那么，是什么力量支撑着林肯成为伟大的领导者呢？这就是领导人的使命感和责任感！

林肯通过努力学习提高自身的修养，他不因为自己出身卑微感到自卑，反而通过自己努力奋斗的行动向世人证明，一个鞋匠的孩子也可以通过学习提高自身的修养成为国家领导人。通过学习提高自身的修养和素质，使他精神乐观自信，不会因生活坎坷而自暴自弃，相反他在挫折中不断地吸取教训，努力学习，而成为竞争中的胜利者。林肯是领导人素质与修养的典范，他经常挂在嘴边的一句话是："上帝一定很喜欢平民，不然他不会造就出这么多平民来。"

作为一个优秀的领导人，即使一切条件都不理想，但是只要通过自身的努力，提高自己的修养和素质，就会像林肯一样成为杰出的领导者。一切能力的提升都需要付出努力，领导者只要努力提升自己各方面的能力，就会达到成功的彼岸。

第三节　领导对人才的选用

一个国家要想励精图治走向强盛，对于人才的选用是决定其能否富强的根本。领导人能否慧眼识才、任贤选能是最能体现领导者领导水平和领导魄力的标准。优秀的领导对人才的选用是与众不同的，中国古代有商汤用伊尹、文王用姜尚而成就新的王朝，有齐桓公用管仲、秦穆公用商鞅而称霸天下，可见领导识别人才任用人才的重要作用。中国古代汉朝的开国皇帝刘邦就是这方面的杰出代表。刘邦，众所周知，是中国第一个平民皇帝，“自布衣提三尺剑取天下”，从揭竿起义开始算起，仅用了短短七年时间便开辟了一个西汉王朝，不能不说是个奇迹。纵观刘邦的一生，他并非是个高明的军事家，却堪称一流的政治家，且极善用人。在楚汉交战时，刘邦大败项羽，大部分靠的是他的政治手段与成功的用人之道。谈及刘邦的用人之道，想必人们都会想起他举事成功后说的那句流传千古的话：“夫运筹帷幄之中，决胜于千里之外，吾不如子房；镇国家，抚百姓，给馈饷，不绝粮道，吾不如萧何；连百万之军，战必胜，攻必取，吾不如韩信，此三人者，皆人杰也，吾能用之，此吾所以取天下也。项羽有一范增而不能用，此其所以为我擒也。”在《史记·淮阴侯列传》中，刘邦问韩信自己能领多少兵，韩信说：“陛下不过能将十万。”刘邦说：“于君何如？”答：“臣多多而益善耳。”刘邦笑说：“多多益善，何为我擒？”韩信说：“陛下不能将兵，而善将将，此乃信之所以为陛下擒也。” 由此可见刘邦得益于他精明的用人之道。广纳贤才的习惯让他身边遍布贤能，各司其职，也为刘邦在七年之内战败项羽，打下汉室江山奠定了坚实的基础。

有人把刘邦的用人之道总结为六条：知人善任、不拘一格、不计前嫌、坦诚相待、用人不疑、论功行赏。

刘邦特别善于知人用人，他也非常清楚地知道，一个领导最重要的才能是什么，如何调动部下的积极性，下属都有什么才能，有什么性格，有什么特征，有什么长处，有什么短处，放在什么位置上最合适。这也是一个领导最大的才能，领导不是说要自己亲自去做什么事，事必躬亲的领导绝非好领导。作为一个领导，要掌握好一批人才，把他们放在适当的位置上，让他们最大限度地、充分地发挥自己的积极性和作用，成功就指日可待了。

刘邦有一个很大的优点，就是他不拘一格地使用人才，所以刘邦的队伍里面什么人都有，张良是贵族，陈平是游士，萧何是县吏，樊哙是狗屠，灌婴是布贩，娄敬是车夫，彭越是强盗，周勃是吹鼓手，韩信是流浪青年。刘邦把他们组合起来，各就其位，毫不在乎人家说他是一个杂牌军，他要求的是，所有的人才都能够最大限度地发挥作用。

刘邦胸襟广阔，不计前嫌。在刘邦的队伍里面，有很多人原来曾经在项羽手下当差，因为在项羽的部队里面待不下去跑过来投奔刘邦，刘邦敞开大门，不计前嫌，一视同仁，如韩信、陈平。韩信原来是项羽手下的人，因为在项羽手下不能发挥作用，来投奔刘邦。其实，一个领导者也应如此，如果老是小肚鸡肠、计较甚多，能招募来好的人才吗？恐怕连帐下之人也会离他而去。

作为政治家，刘邦对人坦诚，这不仅是个人的素质问题，更是为人处事的一条原则，如果你对别人坦诚相待，别人通常也会坦诚对待你。对于人才，他们需要的不全是酬劳，而更多的是需要尊重和信任。要尊重这些人才，唯一的办法就是以诚相待，实话实说。刘邦就有这个优点，张良、韩信、陈平这些人，如果有什么问题要跟刘邦谈，提出问题，刘邦全部都是如实回答，不说假话，哪怕这样回答很没面子，他也不说假话。之所以这些人能够帮助刘邦提出治国打仗的良策，是由于刘邦有一个前提，就是如实相告，绝不隐瞒。这样信任对方，尊重对方，也得到了对方同样的回报，同样的信任和尊重，尽心尽力地帮他出谋划策。这对做领导的，也是非常值得借鉴的经验。

做一个领导最忌讳的，就是一天到晚看见所有的人都觉得可疑，今天猜忌这个，明天猜忌那个。刘邦他就有这个魄力，一旦决定用某人，绝不怀疑，放手使用。最典型的例子就是陈平，陈平从项羽的军中投靠刘邦以后，得到刘邦的信任，让很多刘邦的老随从很不满意，所以就有人到刘邦那里说陈平的坏话，然而刘邦还是坚持对陈平委以重任。当时，刘邦和项羽正处于一个胶着的状态，谁也吃不掉谁，为了能够让陈平成功地实施反间计，刘邦拨款黄金四万斤给陈平，并且不问出入，可以想见刘邦对陈平的信任。

使用人才，首先是要信任他，尊重他，同时也应该奖励，因为奖励是对一个人才贡献的实实在在的肯定。不能老拿好话糊弄人，说这个人不错，是个难得的人才，是我们的骨干，就是一分钱不给，这个是不行的。有贡献就得奖励，奖励还要奖励得合适。工作确实是做得好，贡献大的，要多奖；做得一般的，一般地奖；做得差的，不奖，甚至罚，做到要赏罚分明。刘邦夺取天下以后，根据各人的不同功绩，对功臣论功行赏，不但封赏了萧何、张良、韩信、彭越等一批人，还封赏了他最不喜欢的人——雍齿。

刘邦可以说是领导艺术方面的典范，正是由于他能够信任人才，使用人才，充分地调动他们的积极性，又暗中地加以防范和控制，从而把当时天下的人才，都集结在自己的周围，形成了一个优化组合，这样一来，他夺得天下也是必然的事情。本节通过列举刘邦的用人之道，来证明领导人对人才的选用与国家强盛之间的重要关系，对有志于领导国家走向强盛的领导人具有借鉴意义。

第四节　领导的组织建构能力

在追求强盛的国家领导中，对领导者的组织能力和政治体系的构建能力要求很高，他需要有创新精神，他能根据国家的实际状况，建立一个相适应的国家组织构架，并建立起有效的政治规则和制度体系。

中国隋朝的开国皇帝隋文帝杨坚是这方面的典型代表人物，隋朝建立以后，他在政治、经济等制度方面进行了一系列的改革。如在中央实行三省六部制，将地方的州、郡、县三级制改为州、县两级制，地方官吏概由中央任免，由此巩固了中央集权。

隋文帝废除了不合时宜的北周六官制，北周的官僚体制基本上是效仿原来西周时期的《周官》即《周礼》的形式。杨坚在中央设立三师、三公、五省。三师、三公只是一种荣誉虚衔。掌握政权的是五省，即内侍省、秘书省、门下省、内史省和尚书省。内侍省、秘书省在国家政务中不起重要作用。内侍省是宫廷的宦官机构，管理宫中事务。秘书省掌管书籍历法，事务较少。起作用的是其他三省，内史省、门下省、尚书省都是最高政务机构。内史省负责决策，门下省负责审议，尚书省负责执行。

尚书省下设吏、民、礼、兵、刑、工六部。每部设尚书，总管本部政务。具体办事机构就是六部：吏部，掌管全国官吏的任免、考核、升降和调动；民部，掌管全国的土地、户籍以及赋税、财政收支；礼部，掌管祭祀、礼仪和对外交往；兵部，掌管全国武官的选拔和兵籍、军械等；刑部，掌管全国的刑律、断狱；工部，掌管各种工程、工匠、水利、交通等。开始的时候，六部叫做六曹，即六个办事机构。六部的长官为尚书。六部的设置成为后来古代中国中央政权的固定制度。三省六部制分工明确，组织严密，加强了中央集权，对唐及以后历代王朝的影响都十分巨大。隋文帝建立的这一整套规模庞大、组织完备的官僚机构，自隋定制，一直沿袭到清朝。

杨坚在确立了三省六部制的中央机构后，又对地方机构进行了改革。南北朝以来，由于郡县设置过繁，形成了“民少官多，十羊九牧”的局面。隋初沿北齐、北周置设州、郡、县三级地方机构，开皇三年，杨坚采纳杨尚希的建议，废郡，改为州、县二级制。州设刺史，县设县令。

杨坚下令，九品以上的官员一律由中央任免。官吏的任用权一概由吏部掌握，禁止地方官就地录用僚佐。而且每年都要由吏部进行考核，以决定奖惩、升降。后来，又实行三年任期制。

杨坚简化了地方行政机构，废除九品中正制的选官方式，初创科举制。隋文帝命令各州每年推选三个文章华美、有才能的人，到中央受官。后来，隋文帝又下令，京官五品以上，地方刺史级官员，要由有德有才的举人担当。这种选拔政府官员的制度，使各个阶层有才华的人都有机会为政府效力。杨坚开创建立的科举制度，在中国历史上留存长达1300多年，直到清朝末期才废除，后来英美等西方国家的政府公务员制度，都是借鉴了科举制这种选拔制度作为政府文员的聘用方法。

在杨坚掌握北周政权时就曾经进行过改革，亲手删定《刑书要制》，但不太彻底。隋朝建立后，开皇元年隋文帝命高颎等人参考魏晋旧律，制订《开皇律》。开皇三年， 隋文帝又命苏威、牛弘修改新律，删除苛酷条文。《开皇律》将原来的宫刑（破坏生殖器）、车裂（五马分尸）、枭首（砍下头悬挂在旗杆上示众）等残酷刑法予以废除；规定一概不用灭族刑；减去死罪八十一条，流罪一百五十四条，徒、杖等罪千余条；保留了律令五百条。刑罚分为死、流、徒、杖、笞五种。基本上完成了自汉文帝刑制改革以来的刑罚制度改革历程，这就是五刑制。《读通鉴论》这样赞评道：“古肉刑之不复用，汉文之仁也。然汉之刑，多为之制，故五胡以来，兽之食人也得恣其忿惨。至于拓跋、宇文、高氏之世，定死刑以五：曰磬、绞、斩、枭、磔，又有门房之诛焉，皆汉法之不定启之也。政为隋定律，制死刑以二：曰绞、曰斩，改鞭为杖，改杖为笞，非谋反大逆无族刑，垂至于今，所承用者，皆政之制也。”死刑复奏制度是从开皇十五年形成定制的，隋文帝规定凡判处死刑的案件，须经“三奏”才能处决死刑。《隋书·刑法志》：“（开皇）十五年制，死罪者三奏而决。”隋文帝还下诏：“天下死罪，诸州不得便决，皆令大理复治。”《开皇律》对后世律法影响深远，隋文帝修定的法律唐朝基本上都继承了。

开皇之治是隋文帝在位二十多年时开创的，当时社会民生富庶、人民安居乐业、政治安定。隋文帝杨坚倡导节俭，节省政府内不少开支，废除了不必要的杂税并设置谷仓储存食粮。杨坚成功地统一了历经数百年严重分裂后的中国，从此中国在之后大多数的世纪里都保持着他所建立的政治组织构架和制度。

大隋开皇盛世气象恢宏磅礴，隋文帝下令修建首都大兴城，即后来的长安城。大兴城的修建不仅是中国古代城市建设规划高超水平的标志，也是当时国家经济实力和科技水平的综合体现。大兴城乃当时的“世界第一城”，它的设计和布局思想，对后世都市建设及日本、朝鲜都市建设都有深刻的影响。隋文帝于公元 584 年命宇文恺率众开漕渠，自大兴城西北引渭水，略循汉代漕渠故道而东，至潼关入黄河，长 150 多公里，名广通渠，这是修建大运河的开始。大运河连接黄河流域和长江流域，连接了两个文明，使黄河流域长江流域逐渐成为一体。

《剑桥中国隋唐史》这样评价道：“隋朝消灭了其前人的过时的和无效率的制度，创造了一个中央集权帝国的结构，在长期政治分裂的各地区发展了共同的文化意识，这一切同样了不起。人们在研究其后的伟大的中华帝国的结构和生活的任何方面时，不能不在各个方面看到隋朝的成就，它的成就肯定是中国历史中最引人注目的成就之一。”隋朝京城及各地的粮仓，大的可储粮千万石，小的也可以储粮几百万石，都储满了谷物。长安、洛阳和太原的国库中，储存的绢帛各有数千万匹。隋文帝临终时，天下仓库的积储可供全国五六十年正常使用。

虽然隋朝在中国的历史上存在的时间比较短，但是隋文帝杨坚却是一个非常了不起的具有开创性的领导者，尤其是对国家组织构架的开创性的组织建构能力，为人类政治史上创立了全新的国家组织结构，可以说是伟大的领导者。从隋文帝杨坚的领导能力和对国家组织构架和国家制度的开创性建立的角度看，他是非常具有领导魄力的人。正是他具有强大的组织建构能力，才为国家的强盛乃至中国后来持久的强盛奠定了坚实的组织构架基础。这是伟大的领导者必须具备的能力，这方面中国周代的周公旦、秦代的嬴政和美国的开国领袖华盛顿可与之媲美。

第五节　领导决策对强盛的影响

作为带领一个国家走向强盛的领导人，每一项决策都会对国家未来的发展走向起到关键作用，而决策是领导者的一项重要职能。领导活动实际是领导者制定决策和实施决策的过程。作为要带领一个国家走向强盛的领导者，他面临的很多工作实际上都是不断地做出各项决策。领导者的任务就是对出现的各种问题进行分析研究，找到解决问题的方法。一个国家的决策过程实际上是对诸多处理方案或方法的提出与选择。决策过程中，领导者面对着各种影响决策的因素，他必须依靠自身的各种能力等对决策方案进行筛选和运用。

国家领导是国家决策活动的主体，更是决策正确与否的关键。决策者处在决策系统内外信息的枢纽地位，是决策系统中最积极能动的因素，是决策系统的驾驭者和操纵者。领导者直接影响着决策活动的成败。

国家领导决策的目的，是为了取得决策的良好成果。因此在做出最终决策之前，对每一备选方案的实施后果进行客观、公正的科学预测和评价，既是保证决策科学化的重要前提，也是方案选择的科学依据。科学、正确和前瞻、及时的国家决策，直接影响国家未来强盛发展的走向！

美国在第二次世界大战后成为世界最具影响力的、称霸世界的强国，这与美国罗斯福总统的卓越领导与相应的决策密不可分。他应对经济大萧条的决策，抛弃美国的孤立主义政策，积极参与第二次世界大战，对日宣布开战等正确的决策，在美国强盛的发展道路上做出了不可磨灭的贡献，可以说美国第二次世界大战后的世界霸主地位是罗斯福总统奠定的。我们看看他的相关经历和决策。

作为政治世家的富兰克林·罗斯福，在 1901 年就以民主党人的身份开始涉足政界。 他为了竞选纽约市参议员，每天进行十多次竞选演说，通过努力他当选上了纽约市参议员。在威尔逊总统期间，他被任命为美国海军助理部长，期间他表现杰出，极力主张建设“强大而有作战能力的海军”，罗斯福在海军中建立了巨大的影响力。

罗斯福的外交思想源于美国的两位总统，一位是他的远房堂叔西奥多·罗斯福，还有一位就是最先提出国联构想的伍德罗·威尔逊，威尔逊总统认为，国际秩序是建立在共同维护和平的基础上的。1928年，罗斯福重返政界，参加州长竞选获胜，并于1929年出任纽约州州长，他在纽约从此开启了政治活动和管理国家事务的历程。

1932年美国面临建国以来最大的经济大萧条时期，罗斯福在严重经济危机的背景下作为民主党总统候选人参加竞选，他提出了实行“新政”和振兴经济的纲领。1933年他击败胡佛，成为美国第32届总统。履任之初，美国经济大萧条即处在十分严重的程度，罗斯福入主白宫后，对内积极推行他的以救济、改革和复兴为主要内容的“新政”。改变了传统的自由放任的经济政策，加强了政府对经济领域的干预，实行赤字财政，大力发展公共事业来刺激经济。为了推行新政，罗斯福组织了有关专家与学者进行相关政策的制定，并通过“炉边谈话”方式，推行新政，借当时最新的媒体——广播的形式密切与美国公众的沟通联系，解除了反对“新政”的最高法院的有关人员，成功地改组最高法院。

面对美国当时的国家现状罗斯福先后提出各种咨文，督促和指导国会的立法工作。在罗斯福的领导下美国国会高效快速地通过了《紧急银行法》《联邦紧急救济法》《农业调整法》《工业复兴法》《田纳西河流域管理法》等。

经过罗斯福政府的努力，美国新政取得了初步的成功，其后美国的新政着重“复兴”，推出了：维持银行信用，实行美元贬值，刺激对外贸易，限制农业生产以维持农产品价格，避免农场主破产等政策；政策规定协定价格以减少企业之间的竞争，防止企业倒闭潮的发展。在1935–1939年的新政则着重“救济”和“改革”，主要推出了：运用行政干预手段，实行缓慢的通货膨胀，为扩大就业，广泛开展公共工程建设，通过紧急救济，实施社会保险和提高社会购买力；进行税制改革，根据纳税能力纳税。罗斯福新政，恢复了公众对美国政治制度的信心，强化了联邦政府机构。在罗斯福对新政的制定和大力推动下，美国的工业、农业逐渐全面恢复。在罗斯福的第一个任期结束时，美国国民收入增加了 50%，新政的成功使得罗斯福在 1936 年再次当选总统。

罗斯福在美国对内的国家政策上十分成功，在他主导下的美国外交也获得了广泛的好评，罗斯福政府在 1933 年承认当时的苏联并与其建立了外交关系。美国国会在 1934 年，废除了干涉古巴主权的《普拉特修正案》，美国驻军撤出海地和尼加拉瓜，随后美国同意菲律宾独立。在罗斯福当选总统前，美国实行的是孤立主义政策。美国国会还在 1935 年通过旨在使美国保持中立的皮特曼决议案。皮特曼议案规定战争时期禁止美国输出武器装备和信贷，该法案的“现购自运”条款则授权总统要求在美国购买非军事物资的交战国付现金并用本国船只装运。当时的国际政治关系十分复杂，德国和日本奉行国家侵略扩张政策，美国当时的孤立主义政策无异于对侵略扩张的默许和纵容。为了美国国家的长远利益，罗斯福具有预见性地部署美国的战争准备，加强美国防务力量，罗斯福基本废除了美国当时的孤立主义政策，积极参与国际政治活动，为美国称霸世界打下了坚实的基础。

罗斯福在他的第二个总统任期增加了 20% 的美国海军建设费。说服国会通过《文森扩充海军法案》，准许以 10 亿美元发展海军。由于当时战争威胁的紧迫性使得很多美国人已经预见到战争即将到来，国会议员因而同意加强防务。泛美会议上，在罗斯福的积极推动下通过了《利马宣言》，他为美国加入二战进行了积极的战争准备，使美国在后来的二战中赢得了宝贵的战机。在 1940 年 5 月的欧洲战场上，英法联军备受打击，战争局面十分不利。面对欧洲战场上的局面，罗斯福要求国会追加国防拨款，加强战备。罗斯福还任命亨利·史汀生为陆军部长，弗兰克·诺克斯为海军部长。并在英国面临危机时开始大力援助英国，并提供急需的先进武器装备，稳定了欧洲战局。

罗斯福的第三个总统任期是在二战中度过的，上任之初他的全部精力集中在扩军备战方面，在罗斯福的推动下，美国国会批准了陆海军的扩充，通过了《伯克·沃兹沃思选征兵役法》。并将50艘驱逐舰以协议的形式转让给英国，换取英国的部分海军基地租借使用权。由于当时第二次世界大战正打得如火如荼，为保证美国政策的一致性，美国人希望罗斯福继续留任总统一职，最后55%的选民还是选择了罗斯福继续担任美国总统，罗斯福因此打破了美国“国父”乔治·华盛顿总统确立的总统任期传统，第三次当选为美国总统。

时间的推移对美国打破中立主义，主动参战提供了难得的机遇，1941年12月7日，日本偷袭珍珠港，罗斯福借此机会全面对日宣战，于是太平洋战争爆发。在罗斯福政府的主导下，美国正式参加第二次世界大战。罗斯福下令实施战争动员和改组军队指挥机构。大力发展战时科学研究，把国家转向战时经济模式以保证美国及其盟国的战争需要。设立新闻检查局和战时新闻局对新闻宣传进行检查管理，并负责美国的新闻与宣传工作。

罗斯福的领导决策抓住了历史赋予美国的巨大机遇，为美国战后领导世界打下了坚实的基础，他改变了美国的对外政策，积极对外干预国际事务，并决定在二战后建立一个维持世界和平的组织——联合国。罗斯福亲自参与美国对外作战政策的制定，与军方领导共同研究军事形势并制定相关作战计划，罗斯福和邱吉尔在华盛顿举行“阿卡迪亚”会议，为第二次世界大战的最终胜利做出了决定性的决策和行动。

功勋卓著的罗斯福，由于特殊的领导才能，还成了美国历史上唯一的连任四届的总统，最后去世于他的第四任总统任期中，当了12年又39天的总统，是第一位超过两届任期、打破了华盛顿规则的总统。为了防止类似的事情发生，美国政府于1951年通过宪法第二十二条修正案，限制总统任期，他有可能成为美国历史上唯一任期达四届的总统。

罗斯福当之无愧地成为美国强盛发展历史上的伟大领导者之一，他是执着地追求美国国家利益的总统，他结束了美国孤立主义的政策，进行了正确的领导决策，把握了历史赋予美国的强盛机遇，成为奠定美国领导世界的美国杰出领导者。正是他敢于打破美国僵化保守的国家政策，并及时做出国家战略调整，走出中立的国家状态，积极参与第二次世界大战，为战后世界政治格局的改变做出了巨大的努力，并获得巨大的成功，为美国主导世界做出了前所未有的贡献。

罗斯福带领美国走出经济困境，改变了美国在世界上的国际地位，捍卫了美国的国家利益，帮助世界结束世界大战，实现世界和平的同时，也使世界的权力中心由欧洲转移到美国。历史学家和政治学家们一致认定，罗斯福与华盛顿和林肯是美国历史上最伟大的三位总统。罗斯福之所以受到如此高的评价，正是由于在历史的抉择中，他做出了正确的决策，为美国成为战后最强盛的国家奠定了坚实的基础，所以决策对领导人而言是重要的能力体现。

第六节　领导创新的能力与变革的魄力

本章论述的主要是领导人在国家强盛中所起的作用，这些领导都有一个共同的特点，就是治国中创新的能力和变革国家的魄力。作为国家的领导，所做的每一个决策都将影响国家的未来发展，一个国家内外环境的变化是稍纵即逝的，优秀的领导者能够果断把握机会，做出正确决策，为国家的强盛铺就康庄大道。

从缔造强盛国家的领导人的政绩分析，这些领导者最大的贡献是对国家组织构架和国家制度的创新和变革。无论是隋文帝杨坚还是乔治·华盛顿，他们在国家组织构架和国家制度的建立中具有长远的政治眼光和创新能力，而像林肯和罗斯福这样的领导者，则具有强大的变革魄力。林肯如果没有极强的政治魄力，在强大的反对者的压力下，解放黑奴可能就难以实现，而这对美国南北战争南北实力的转变具有积极的意义，同时美国在道义上也获得了当时世界的赞誉。

罗斯福总统以极大的勇气和魄力，成功应对 20 世纪 30 年代美国的经济大萧条；在第二次世界大战中，他以政治家的战略眼光，打破了美国长久以来的孤立主义原则，对德日意宣布开战。这种高瞻远瞩的政治魄力，为美国赢得了今天世界第一强国的霸主地位。

用中国的政治语境来说，像汉高祖刘邦、隋文帝杨坚、乔治·华盛顿这些优秀的领导者被称为开国之帝，对于林肯、罗斯福这样的领导者可以被称为中兴之王。对于一个长盛不衰的强盛国家来说，国家的强盛不是一个领导者能够完成的，从历史的经验来看，是从开拓创新的开国之君，到守成之主，再经过中兴之王等几代十几代的优秀领导人共同努力的结果，因此一个强盛的国家是来之不易的，而优秀的领导者才是国家通往强盛道路的关键，是一个国家的灵魂人物。我们透过历史也可以看到在国家强盛的道路上，哪怕只有一位领导出现了问题，这个国家的强盛之路就会戛然而止，比如秦帝国统一中国后，由于秦始皇突然死亡，而继任者不是合格的领导人，致使强大的帝国迅速崩溃；隋朝也是一样的，都是继任者不是合格的领导人，导致王朝强盛之路的中断。而导致这种中断的原因是中国古代的政治结构，一直没有建立合格领导人的选拔制度造成的。

所以在通往强盛的道路上，领导人的地位是难以取代的，他的重要作用怎么说都不为过，在本书中之所以把领导人作为强盛的灵魂人物放在本书的前面，位置仅次于第一章的“组织：强盛的力量”，就是要体现领导人的重要作用。最后，以中国古代《周书》中的一篇《王佩解》结束文章。

王佩解

王者所佩在德，德在利民，民在顺上。合为在因时，应事则易成。谋成在周，长有功在力多。昌大在自克，不过在数惩。不困在豫慎，见祸在未形。除害在能断，安民在知过，用兵在知时，胜大患在合人心。殃毒在信疑，孽子在听内，化行在知和，施舍在平心。不幸在不闻其过，福在受谏，基在爱民，固在亲贤。祸福在所密，利害在所近，存亡在所用，离合在出命。尊在慎，威安在恭己，危亡在不知时。见善而怠，时至而疑，亡正处邪，弗能居此，得失之方也，不可不察。

第四章　制度：强盛的保障

言组织则必有制度，不同的组织结构，必然要有与其相适应的组织制度。组织结构相对于国家是硬件系统，而制度对于国家相当于软件，硬件再好，没有好的软件也是枉然。只有与组织相适应的制度，才能保证组织的快速健康发展，制度是通往强盛之路的保障。

对于国家制度的保障需要通过法律进行，而对国家制度最根本的法律保障就是宪法，宪法也是国家组织结构和国家制度的根本保障。

领导集团要找到并建立更好的符合国家当下发展的组织结构，以适应国家未来发展的制度和规则，这种制度和规则能更好地符合所有阶层的利益，并能更有效地激发每一个国民的潜力，为国家通往强盛之路奠定制度的保障，是领导集团工作的关键。

国家制度的好坏在于制定者和参与者之间，能否共同遵守并敬畏制度，只要所有人都敬畏和遵守制度和规则，那么制度就是强盛的保障。反之，当制度无法适应时代时，国家就走向衰落。国家制度要保护国内各阶层的利益，尽量不损害他们的利益。当制度使人无法遵守或大多数人不愿意遵守时，这样的制度和规则就是不适应时代和社会发展的，就必须变革。

如果国家制度的变革适应了时代的发展和人民的要求，就是成功的改革，如果没有成功那就将走向强盛的反面——国家的衰落。这种情况在历史上也有非常多的案例供我们参考和借鉴。

第一节　制度的本质与原则

制度的本质是一个国家盛衰的核心。社会制度分刚性和柔性两类范畴，也具有两种性质：内范性和外范性。这里的外范性对应于外在的约束体系，比如法律和规则，而内范性则是经过内心的认同而遵守的法律和规则。

一个国家能否强盛，与这个国家的制度密不可分，而刚性的制度能否经过合理的实施，即制度能否由刚性逐渐转为柔性，从外部强制约束的外范性逐渐转变成内心认同和遵守的内范性，这是衡量一个国家制度实施成功程度的标准。

中国古代对于国家治理制度问题的研究非常透彻，内容也丰富翔实，其中荀子在《君道》篇中就直接指出了制度与人的关系。他在文章的开篇写道："有乱君，无乱国；有治人，无治法。羿之法非亡也，而羿不世中；禹之法犹存，而夏不世王。故法不能独立，类不能自行，得其人则存，失其人则亡。"荀子的这段文章很明白地告诉我们，一个国家的根本不在于制度本身，而在于制定和执行制度的人。核心是人的问题，有再多再好的制度，但是没有合适的人，制度本身是不可能发挥力量的，只有合适的人来执行才能充分发挥制度在治理国家中的真正作用。说得白话一点，就是有法而无人认真执行，一切白搭。

荀子接下来的论述也很透彻。他写道："君子者，法之原也。故有君子，则法虽省，足以遍矣。不知法之义而正法之数者，虽博，临事必乱。故明主急得其人，而暗主急得其势。急得其人，则身佚而国治，功大而名美，上可以王，下可以霸；不急得其人，而急得其势，则身劳而国乱，功废而名辱，社稷必危。"

两千多年前的荀子已经指出了国家强盛之路中，人与制度之间、领导与制度之间的核心问题其实就是任用合格的管理者，合格的管理者就是合格的制度制定和执行者。

以上是制度与管理者之间的关系，对于国家的强盛与否，国民的素养更是重要，一个国家的国民文明程度高，对于制度的遵守度和认同度乃至由此而形成内范性的自觉遵守性强，那么这个国家必然强盛。如果一个国家通过严刑峻法达到了治理有序的程度，但是没有内化成国民自觉的行为，则虽然可以在表面上得到很好的法制治理，可是一旦国家出现管理失范的情况，这个国家很快就会崩溃，社会秩序混乱，社会制度失去约束力，这就是没有将刚性的外范性的制度很好地转化成柔性的内范性的自觉性规范，这在中国的历史上有很好的例证，如春秋战国时期的秦国制度。秦国经过商鞅变法后，采取的就是法家的治国手段，但是忽视了国家治理制度的柔性和内范性，过于片面突出刑法的力量，这给秦国的强盛造成了强大的制度障碍，导致刑罚的滥用，侵蚀了国家强盛的基础，也是强秦在统一六国后迅速灭亡的原因之一。

对于国民素养的提升与教化，两千多年前在中国已经很成熟，经验也很丰富，如中国古代著名的政治家管仲就十分明确地指出，治理国家的根本是“礼义廉耻”。他在《管子·牧民》中写道：“国有四维，一维绝则倾，二维绝则危，三维绝则覆，四维绝则灭……何谓四维？一曰礼，二曰义，三曰廉，四曰耻。礼不逾节，义不自进，廉不蔽恶，耻不从枉。故不逾节则上位安，不自进则民无巧诈，不蔽恶则行自全，不从枉则邪事不生。”

管子的主张也成为一句成语：礼义廉耻。古人认为礼定贵贱尊卑，义为行动准绳，廉为廉洁方正，耻为有知耻之心，明确指出社会的道德标准和行为规范。这些行为规范就是社会制度中柔性的制度，它不同于刑罚法律性的刚性制度。即使到今天，这些内容都是值得社会制度的制定者和管理者遵循和借鉴的。

对于国家的国民，如何把外化的制度和规则内化成自觉遵守和乐于服从的生活习惯与信仰，是国家制度的制定和实行成功与否的判断标准，也是国家能否强盛的制度评判标准。

对于制度评判的标准，中国古代给出了一个值得参考和借鉴的准则，这在老子的《道德经》中给出了一个哲学层级的定义：上德不德，是以有德；下德不失德，是以无德。上德无为而无以为，下德无为而有以为。上仁为之而无以为，上义为之而有以为。上礼为之而莫之应，则攘臂而仍之。故失道而后德，失德而后仁，失仁而后义，失义而后礼。夫礼者，忠信之薄，而乱之首。

中国古代的礼和法，对于制度而言都是外化性的规范，外化性的规范只能从外在来规范国民，不能从内心规范国民，所以对于国家的治理，如果不能从内在规范国民，则用礼和法也只能带来社会的失范，导致社会混乱和制度的无力。托克维尔在《论美国的民主》中明确指出，美国的民主制度是无法复制的，究其原因其实就是，美国已经使国民将美国制度的外在性在国民意识中完全内化，通俗一点就是美国的外在制度已经深入人心，已经由外范性转化成内范性。而想照搬美国制度的国家，还没能使得自己的国民拥有美国制度之于美国国民那样的内范程度，那么一旦照搬美国制度，必将导致制度的不适应性增大，这个国家就会出现制度兼容性问题，情况严重则会导致国家治理失范，危及国家的发展甚至导致国家治理失败。这在世界已经有鲜活的例子和教训。

对于希望走向强盛道路的国家，其制度制定的理念和原则，一定是围绕如何使国家走向强盛这一中心思想， 而一切对国家强盛不利的制度和决策都将予以摒弃，作为国家制度的制定者和决策者务必时刻警醒。

国家制度的建设有以下一些准则：

1. 制度的建设一定要和国家组织机构相适应；

2. 制度的建设要与国内外的环境相适应；

3. 制度的建设要根据国家社会人群的素养和认知状态而制定；

4. 制度的建设要随时代的变化而变化；

5. 制度的建设要能更好地达到目标；等等。

这里讲两个网上流传很广的小故事，来印证制度建设是否科学对于结果影响的重要性。

第一个故事讲的是第二次世界大战期间，美国空军降落伞的合格率为99.9%，这就意味着从概率上来说，每一千个跳伞的士兵中会有一个因为降落伞不合格而丧命。军方要求厂家必须让合格率达到100%，厂家负责人说他们竭尽全力了，99.9% 已是极限，除非出现奇迹。后来军方改变了检查制度，每次交货前从降落伞中随机挑出几个，让厂家负责人亲自跳伞检测。从此，奇迹出现了，降落伞的合格率达到了百分之百。

第二个故事讲英国将澳洲变成殖民地之后，因为那儿地广人稀，尚未开发，英政府就鼓励国民移民到澳洲，可是当时澳洲非常落后，没有人愿意去。英国政府就想出一个办法，把罪犯送到澳洲去。这样一方面解决了英国本土监狱人满为患的问题，另一方面也解决了澳洲的劳动力问题。英国政府雇佣私人船只运送犯人，按照装船的人数付费，多运多赚钱。很快政府发现这样做有很大的弊端，就是罪犯的死亡率非常之高，平均超过了10%，最严重的一艘船死亡率达到了惊人的 37%。政府官员绞尽脑汁想降低罪犯运输过程中的死亡率，包括派官员上船监督、限制装船数量等，却都实施不下去。 最后，他们将付款方式变换了一下：由根据上船的人数付费改为根据下船的人数付费。船东只有将人活着送达澳洲，才能赚到运送费用，罪犯死亡率立刻降到了 1% 左右，船东为了提高生存率还在船上配备了医生。

故事虽小但是说明了制度的力量，而制度的设计直接决定了管理的效果。对于国家制度更是要严谨而缜密。制度的制定没有漏洞是最好，如果制度的设计可以使人不敢钻漏洞则更好。

第二节　制度是国家强盛的重要因素

制度是国家强盛的重要因素。良好的、规范的社会制度，在合适的社会状态下如果能够获得广泛的支持和遵守，社会将得到良好的规范。在规范和稳定的社会状态下，国家强盛才能得到保障。

制度是整个社会共同遵守的规则，更规范地讲，它们是为人们的相互关系而人为设定的一些制约规则。作为社会共同遵守的规则，制度可以分为三种规则体系，即正式规则体系、非正式规则和规则的实施机制。

正式规则又称正式制度，是指政府、国家或统治者等按照一定的目的和程序有意识创造的一系列的政治、经济规则及契约等法律法规，以及由这些规则构成的社会的等级结构，包括从宪法到成文法与普通法，再到明细的规则和个别契约等，它们共同构成对人们行为的激励和约束。非正式规则是人们在长期实践中无意识形成的，具有持久的生命力，并构成世代相传的文化的一部分，包括价值信念、伦理规范、道德观念、风俗习惯及意识形态等因素。实施机制是为了确保上述规则得以执行的相关制度安排，它是制度安排中的关键一环。这三部分构成完整的制度内涵，是一个不可分割的整体。

制度的好坏与其社会适应状态和符合度相关，不同的社会其社会制度必然是不同的，即使是同样的社会，随着时代的发展和变化，制度也必须适应社会的发展和变化。

一切要求大家共同遵守的办事规程或行动准则，也一定符合当时历史条件下社会形成的法令、礼俗等规范。再好的制度，如果没有人遵守它，一切都是空谈，所以当托克维尔在考察了美国社会和美国的社会制度后，得出美国社会是无法复制的这一结论，归根到底还是人的因素。人决定着一切，因此制度的好坏体现着国家治理的水平，而国家治理的水平直接影响国家强盛的状态。因此制度的制定一定要根植于这个社会的国民素养和社会状况，因时、因地、因人来进行系统和合理的制定，也就是要符合天时地利与人和。下面以澳大利亚为例，论述制度对于国家强盛的重要作用。

回望历史，曾经作为英国殖民地的澳大利亚，是流放英国罪犯的地方。然而一个用来流放犯人的地方却最终建成了一个制度健全、发达富裕的现代化国家。澳大利亚之所以能成为今天的样子，与制度建设密切相关。可见良好的制度可以把坏人变好，而坏的制度可以把好人变坏。

当初只有土著居民的澳大利亚，最先被荷兰人在海上发现。荷兰人发现了这块新大陆后，他们认为这是一块荒凉贫瘠的土地，没有开发的价值，最终放弃了这块新大陆。

在荷兰人放弃了这块新大陆之后，英国人来到了这里。当时世界的政治格局是英国人正在全世界和法国人争夺殖民地和相应的利益。英法两国在世界许多地方为殖民利益而激烈竞争。在北美洲法国人被英国人打败，失去了大片殖民地。法国人转而在太平洋方面加紧探索。看到法国人的行动，英国人也加快了步伐。

由库克船长率领的一艘探险船，在1768年的南太平洋发现了澳大利亚。库克船长因为发现了这块新大陆，被称为“澳大利亚之父”。他在大量实地考察的基础上，认为澳大利亚是一个资源丰富的地方，为澳大利亚后来的发展奠定了基础。

库克船长发现澳大利亚之后不久，北美独立运动浪潮高涨。美国独立以前，北美是英国人流放罪犯的主要地方。美国独立以后，英国不能再向北美流放犯人，英国的罪犯流放地成为最大问题。当时只好把罪犯关押在泰晤士河上的废船中，寻找新的罪犯流放地成为英国政府的当务之急。这时，一个参加了库克船长探险的人提出，可以把罪犯送到遥远的澳大利亚去。这个参加了库克探险的人给国务大臣悉尼写了封信，主张发展澳大利亚这块殖民地。这位国务大臣看到后很重视，最后英国政府决定把罪犯送到澳大利亚。

谁也不会预料澳大利亚的未来是什么样，只是因为英国政府把澳大利亚当作罪犯流放地，在经济等各方面都比较合算。然而当第一批罪犯到达了澳大利亚时，发现情况不是原来设想的那样，这些人基本上都是罪犯和看守，没有太多的生存技术，当时这些人需要进行基本建设，可流放的犯人没有生活技能，犯人们不久就陷入困境之中，如何才能给他们找到生存的出路呢？

为了解决这些问题，英国政府经过调查，决定招募一批农民和技术人员。在这些人的帮助下，澳大利亚开始殖民开发，垦荒开发出大片农业种植的土地，澳大利亚的经济在这样的政策推动下从此开始发展繁荣起来。殖民政策制度效果积极明显，澳大利亚总督决定把这种政策推广开来，并制定更多的优惠政策，吸引更多的人们前来澳大利亚发展。

在殖民政策的鼓励下，澳大利亚的经济快速发展，随着人口的增长出现了社会管理问题，英国最初只是把澳大利亚作为罪犯的一个海外流放地，澳大利亚这块殖民地没有制定任何法律的权力。这时法律制度对于澳大利亚的管理还是空白。由于英国政府最初赋予澳大利亚总督可以发布关于治理殖民地命令的权力，澳大利亚总督的命令在这里实际就成为当地的法律。

在这个授权令下，当时的澳大利亚总督就把英国本土的法律和法规，通过移植与修改、或重新制定，逐渐在澳大利亚建立起一套符合澳大利亚治理情况的法律制度。逐渐完备的法律体系更加促进了澳大利亚的经济与社会的进步。鼓励殖民的政策就是这种法律规定的政策，吸引更多的自由民来到澳大利亚。这些人相信，在遥远的大陆能开辟自己的新的美好生活。健全的法制和快速发展的经济使得澳大利亚已经不再是流放罪犯的地方，在这里生活不再艰苦，更多的是发展机会和美好的未来。

在澳大利亚的制度发展过程中，也出现了一些改变澳大利亚政策的事件。在布莱于1806年出任新的澳大利亚总督时，他的专制引起了澳大利亚人的不满。他们在1808年发动“一月政变”，逮捕了布莱总督。一月政变让英国政府感到必须加强澳大利亚的自治，并在澳大利亚建立起相关的立法机构。在一系列的政策推动下，英国在1823年颁布《新南威尔士法案》，该法案赋予澳大利亚成立相应的立法机构，并赋予制定法律的权力，《新南威尔士法案》是澳大利亚制度化发展的转折点。从此，澳大利亚不再是一个海外流放罪犯的监狱，而成为英帝国一个高度自治的殖民地。

英国政府对澳大利亚的制度建设起到了重要作用，随着澳大利亚的自治越来越健全，澳大利亚逐渐有了整套的来自英国的适应澳大利亚发展的法律制度。而当法律制度确立以后，经济发展也就水到渠成了。经济发展的关键是表面上看不到的法律和制度，仅仅丰富的资源是不足以建立发达的国家经济的，制度的作用才是澳大利亚发展的真正关键。今天，澳大利亚已经完全成为世界上最发达的经济体之一，国民生活水准达到世界发达国家水平。

成功走向强盛的澳大利亚并不是英国政府刻意设计出来的产物，当初也没有人能预见到澳大利亚会发展成为发达国家。从流放地到富裕国家，令人深思。如果从制度的角度看，澳大利亚的发展问题就会得到解释，是良好的制度使这个国家达到今天的强盛状态。

对于世界上每一个希望走向强盛的国家来讲，一个健全的制度能使得坏人不敢作恶，这样制度的力量就会使国家和社会走向强盛，良好制度的优势将充分体现出对国家和社会的良性发展的引导和鼓励作用。

第三节 制度的建设与执行

以国家强盛为目的的制度建设，就是为了更好地发展和提升国家的强盛状态。然而一个制度的建设能否得当，制度建立后能否很好地执行，事关国家信用和国家强盛。所以，制度建设的前期要进行充分的调查研究与论证，在制度建设之中要根据实际情况进行调整和规范。

制度是以执行力为保障的。制度之所以可以对个人行为起到约束作用，是以有效的执行力为前提的，即有强制力保证其执行和实施，否则制度的约束力将无从实现，对人们的行为也起不到有效的规范作用。

制度是在通过其执行力对人们的行为起到规范作用的时候才成为制度的，使其从纸面、文字或是人们的语言中升腾出来，成为社会生活中人们身边不停发生作用的无形约束，指引着国家的行为和尺度。无论是正式制度还是非正式制度都须有其执行力，只不过差别在于正式制度的执行力由国家、法庭、军队等来保障，而非正式制度的执行力则由社会舆论、意识形态等来保障。

制度建立后，制度的执行是国家能力与决心的体现，一个制度不去执行或执行不好，有时还不如没有这个制度。因为执行不力的制度会给国家信用带来强烈的伤害，其损失是难以弥补的，国家强盛会因为制度的执行不力而受到影响，甚至会使国家从强盛走向衰落。

商鞅变法是中国古代一次成功的政治体系改革，为以后秦国统一六国成为一个强大的中央集权制国家奠定了基础，确定了法治的治国思想。从商鞅立木为信，推广变法开始，商鞅变法是执行得最好的政治改革，也是中国历史上最成功的政治改革，由于已经建立了制度化的执行体制，即使是商鞅被处死后，秦国的国家治理制度依然没有改变，变法为秦国的强盛奠定了坚实的制度基础。

商鞅吸取了李悝、吴起等法家在魏、楚等国实行变法的经验，结合秦国的具体情况，对法家思想做了进一步发展，使得他的变法取得了较大的成效。他进一步废除了井田制，重农抑商，奖励耕织，鼓励垦荒，这促进了秦国经济的发展。他普遍推行郡县制，制定并完善了法律，统一了度量衡，建成了中央集权的君主制政权。他禁止私斗，奖励军功，制定二十等爵制度，这有利于加强军队战斗力。他打击阻碍社会发展的贵族利益集团，并且“燔《诗》《书》而明法令”，使秦国变法得以贯彻执行。由此，秦国很快富强起来，奠定了此后秦统一六国的基础。正如汉代王充所说的：“商鞅相孝公，为秦开帝业。”

经过商鞅变法，秦国在经济上改变了旧有的生产关系，废井田开阡陌，从根本上确立了土地私有制；政治上，变革了落后的政治制度，使中央集权制度更加健全，中央集权制度的建设从此开始；军事上，奖励军功，达到了强兵的目的，极大地提高了军队的战斗力，秦国因此发展成为战国后期最强大的国家。

商鞅变法对中国古代政治体系的变革影响十分深远。云梦出土的《秦律》就是在商鞅变法的基础上建立而成。《秦律》也多处讲到连坐法，例如户籍登记有隐匿或不实，不但乡官要受罚，同“伍”的也要每户罚一盾，“皆迁之”。《秦律》也把镇压“盗贼”放在首要地位，并对轻罪用重刑。例如盗取一钱到二百二十钱的要“迁之”，盗取二百二十钱以上和六百六十钱以上要分别罚作刑徒，盗牛者要罚作刑徒，盗羊或猪的也有相当的惩处，甚至偷采别人桑叶不满一钱的也要“赀徭三旬”（即罚处徭役三十天）。对五人以上的“群盗”则追捕，处罚更严。同时《秦律》还有许多对各种逃亡者追捕、处罚的规定。

改革必然要触及既得利益，必然会遭到方方面面的反对。历史上任何一次政治变革，都不仅是一种治国方略的重新选择，还是一种社会利益关系的重新调整，这也便是政治改革会遭到阻力的原因所在。

商鞅变法是战国时期一次较为成功的变法改革运动，顺应了历史发展的潮流，推动奴隶制社会向中央集权型社会转型，符合当时社会发展的潮流，大大推动了当时社会的进步和历史的发展。通过改革，秦国废除了旧的制度，创立了适应社会经济发展的新制度。不仅推动了秦国社会的进步，促进了经济的发展，同时壮大了国力，实现了富国强兵。为以后秦统一六国奠定了基础，对中国古代社会制度的进步起到了重要的推进作用。

商鞅变法之所以能成功就是因为制度执行得好，所以好的制度一定要有好的执行作为保障，才能取得良好的效果。一个国家的强盛，制度的制定是基础，但是更需要有高效的执行力国家才能更强盛。

第四节　制度的监控与调整

制度是整个社会的协调保障机制。从人类社会的发展历程来看，制度随着集体、社会的产生而产生。新制度经济学就制度起源有契约论说和博弈均衡说，但无论如何制度都是社会的产物。在人类最初的生活中，一切行为都只受自己意愿的支配，不需要也没有执行力来保障任何约束和规范人类行为的规则，也就是说制度完全没有存在的必要和意义。随着社会和组织的出现，尤其是国家体系的出现，制度才真正成为社会的协调保障机制。

制度如果没有及时的监控和调整，那么随着时间的发展，旧有的制度就难以适应新的社会变化。制度的建设者必须时刻监控制度的适合度，一旦旧有制度出现问题，就必须在新的形势下进行制度的调整以适应社会的发展变化，只有这样制度才能有助于国家的强盛发展。

在美国的宪法修正案中可以看出，一个国家在对自己的制度进行有效的监控与调整，这也意味着一个好的制度必须要根据时代变化而做出相应的、合适的调整。美国宪法修正案是美国宪法规定的唯一正式改变宪法的形式，是美国宪法的重要组成部分，代表了美国宪法制度的基本发展方向。自宪法签署完成后，已有二十七项修正案经批准，其中前十项统称为《权利法案》。美国宪法的修正程序由美国宪法第五条所规定。另有其他许多已向国会提议，但是未向各州提交的美国宪法修正提议。

修正案在生效之前，须经国会参众两院的三分之二表决通过，或是三分之二的州会议的要求，而后才能提呈给各州，并经过四分之三州或其会议的批准，批准的方式是由国会在提案时决定。迄今为止，没有任何一个修正案是经州会议的要求而提出。只有1993年的第二十一修正案，是采取州会议的方式来批准的。

可见，即使是美国这样的当今世界最强大的国家，在二百多年的国家发展过程中，制度也是随着时代的发展、内外环境的变化而进行相应的调整的，这才使得美国从独立建国时期的弱小状态发展到今天的世界霸主地位。制度的调整和社会相适应是关键原因。

第五节　制度建设的效果与评价

制度的建设是否合适，制度建设后的效果如何，都需要建立一个制度效果的衡量和评价机制，这样可以实时评估制度的执行情况，并根据效果来进行调整和改进。对于制度设计来说，一项制度的建立能否达到预想的效果，是评价制度设立是否科学合理的直接反应。国家制度建设是关系国家发展和强盛的重要因素，制度的设计实际上就是对相关领域的规则的设计，是以制度来激励或约束人们的相关行为——这是制度建设中指导制度设计者的核心问题。制度的优劣对于国家的强盛与发展是十分重要的，它的合适与否关系着国家的强盛或衰落。国家治理过程中一项制度的改变，就是要求国民要按新的行为规则改变自己的行为方式。

对于努力走向强盛的国家，任何一项制度的设计，都要考虑对于国家强盛所产生的后果是什么样的，这些都需要制度设计者和制度参与者共同努力来实现。如果制度在执行中效果不理想，那么就需要对制度进行实时调整，所以制度本身也需要不断完善。

良好的制度建设，是保障国家更好地通往强盛之路的方向。有的制度很好，但是实施却很困难，所以良好的制度设计最终还是要容易实施和执行，并能得到最大多数人的认可和支持才行。另外，制度具有惯性，即随着国家的发展和变化，制度在惯性作用下不易改变，我们经常发现一项制度随着时代的发展已经不能适应新的国家现状，但这些旧有制度还是继续执行而不能改变。许多制度创新并不总在最佳的时刻进行，而是在情况非常糟糕的状态下才进行制度的创新和变革。制度的惯性导致没有人有信心和兴趣去改变这不合理的制度，于是这种制度的惯性，最终会导致国家的衰落，强盛的终结。在世界历史中很多强盛的国家就是因为制度的惯性而走向衰落和消亡，如果这种制度的惯性不能和制度的创新密切相联系，则不能对制度的效果进行及时的衡量和评估，并根据评估的结果进行改进。

国家在强盛的道路上会出现各种新的现象和问题，这就需要不断创建各种制度，并调整和改变各种制度。不断创新各种制度的时候，各种制度的综合就形成了国家制度体系。这些制度都需要进行效果的评估来确定或调整制度的适应性。因此一个制度的建立，必须要得到大多数国民的认同，大多数国民的认同又进一步使制度得到发展和强化。良好的国家制度使社会秩序得到建立和巩固，会使国家越来越强盛。

第五章　思想：强盛的光辉

思想的光辉永远照亮通往国家强盛的道路，强盛国家一定是沐浴在光芒万丈的思想光辉中。没有思想光辉的普照，国家一定是暗淡和衰落的。国家的强盛和崛起，必然伴随着适应时代发展潮流的思想光辉的照耀。

放眼世界的思想史，法家思想的光辉，为秦帝国找到了通往强盛的道路，儒家思想的光辉奠定了两千多年中国古代王朝的帝国统治，西方的自由与民主思想奠定了英国和美国的世界霸主地位，马克思的共产主义思想指导了中华人民共和国和世界上社会主义国家的建立。

人类文明的发展，强盛国家的建立等，都离不开思想的力量。在人类的发展历程中思想学说缤纷闪耀，思想改变人类的发展历程，思想也改变着人类的未来。

第一节　新思想——国家强盛的前奏

在人类发展的历史长河中，伟大的思想一直照亮和引领人类走向美好的未来，人类社会的每一次重大的进步都离不开思想的力量。当中国长达两千多年的帝国体制建立之前，中国古代的儒家思想就已经放射出伟大的光芒，历经孔子、孟子、荀子等思想家的完善到汉代董仲舒后，成为指导国家走向强盛的儒家思想体系。

古罗马的繁盛，是古希腊哲学和其衍生的学派给予了思想的支撑。从公元前6世纪的希腊哲学，经过前苏格拉底哲学和古典哲学(包括苏格拉底、柏拉图、亚里士多德及其之后的一些学派）到晚期希腊哲学（包括后来的新柏拉图主义在内的希腊哲学），一直潜移默化地影响和指导着罗马帝国。大致在公元前4世纪末或者说在亚里士多德死后最早出现的这些学派，有点像中国战国时期的先秦诸子那样，处于一种“百家争鸣”的状态。各派重新解释和订正原来的哲学思想，彼此的思想体系或若干观点并不相同，因此彼此之间可能发生冲突或者争论。这些学派的不同哲学观点在潜移默化中影响着古代罗马帝国的发展之路。

在罗马帝国之后，欧洲进入了近千年的中世纪的宗教黑暗时期，欧洲的发展受到了很大的影响。然而，就是在这样的社会状态下却为人类社会新的发展阶段——资本主义孕育着伟大的思想。培根、笛卡尔、霍布斯、洛克、卢梭、孟德斯鸠、亚当·斯密等人成为资本主义思想的奠基人。

欧洲的思想启蒙运动逐渐勾画出资本主义的社会蓝图。他们提出平等、自由、博爱的思想，叙述了人生来就是平等和自由的，这为资本主义取代欧洲封建主义奠定了思想基础。其中，卢梭主要提出以《论人类之不平等起源和基础》为代表的平等思想；孟德斯鸠主要从法理方面提出了三权分立的设想确保自由；霍布斯的《利维坦》、洛克的《政府论》、亚当·斯密的《国富论》等为现代资本社会制度的确立奠定了理论基础。

英国光荣革命标志着新的强盛国家体系正式出现在人类的历史中，世界历史迎来了巨大的社会转折，向着更为强盛繁荣的方向发展。欧洲大陆的主要封建国家也陆续进行改革，推行富国强兵政策，其实就是一种新的国家体制的变革，这是资本主义的发展。资本主义体制的快速发展使欧洲进入了空前的强盛与繁荣，变革产生的强大国力促进了欧洲国家殖民扩张的步伐。经过发展，最先变革的英国最终成为世界上最大的资本主义国家。在社会巨变的大潮中，资本主义的政治思想取得了空前的发展，也为资本主义社会提供了完备的政治构架。

在欧洲资本主义取得大发展后，卢梭、孟德斯鸠、洛克等人的思想理论对美国宪法及其独立宣言都产生了极大影响。在这些思想的基础之上，人类社会找到了目前比较具有优势的组织构架和政治体制，就是美国的三权分立、权利制约的政治构架。这种政治体系在美国得到了很好的发展，奠定了美国二百多年成功走向强盛的道路。

那么继美国的政治体制之后将会产生什么样的体制呢？在人类社会进入全新的智能核心型社会后，将是什么样的思想照亮人类的未来呢？

第二节　凝聚国家的思想

国家的强盛也是凝聚力强大的体现，因此要有一种能凝聚国家的强大思想体系。中国之所以成为世界上唯一传承下来的文明古国，就是因为拥有强大的思想体系和中华文化作为强大的思想凝聚力，才使得中华民族能够屹立于世界东方而不倒。美国之所以成为当今世界的强国，与美国思想体系的强大凝聚力是密不可分的。从古至今，没有一个强盛的国家不具有强大的凝聚力和吸引力，人类社会的发展使我们认识到，越是强大的国家其凝聚力越强大。这种凝聚力产生的巨大发展动力，是一个国家强大的根本动力，所以能够凝聚国家的思想，一定是国家强盛的精神力量。

美国为何能在二百年来保持如此强盛的国力？答案是：他们每个国民的内心里都注有美国精神和美国梦的强大信仰和国民自豪感，这就是国家强大凝聚力的体现，也是美国精神核心的内涵。一个强盛的国家，它的国民必然非常遵守法律和规则，这种思想共识所尊崇的就是："团结发展，尊重个体，国家为重，科学精神，自由平等。"一个放弃凝聚国家思想和文化的国家，必然被历史所抛弃。所以想要走向强盛的国家，必须要建立强大的凝聚国家力量的强大思想体系。

纵观中国上下五千年，伟大的中华民族早已塑造了强大的凝聚国家的思想体系——炎黄文化思想体系。这种超越了时空、跨越了种族的博大文化思想体系，成为几千年来华夏文明领先于世界的思想动力。直到今天，依然深深地影响和作用于每一个华人内心，无论天涯海角，黄皮肤、黑头发、黑眼睛的中华儿女，共同的祖先认同便产生了强大的凝聚力，也是天涯海角的华人拉近每个人内心距离的强大精神和思想力量。然而遗憾的是，时至今日，这种凝聚中国人力量的炎黄文化曾一度被抛弃和淡忘，这种抛弃和淡忘也使得中国落后于当今的世界。

今天我们来回望曾经辉煌的炎黄文化，遗憾的是在如今很难看到高水平的论述炎黄文化的内容，从这一点可以看出曾经辉煌的炎黄文化，到今天已经没落到什么程度，而与之相应的是中国衰落的状态。当然有人会说我们今天经过改革开放不是已经很好了吗，但是你们是否知道，中国在炎黄文化思想的引领下，几乎一直是世界的领先者，直到明朝末期中国才开始落后于世界。

炎黄文化是民族和种族大融合思想的体现，是文化包容的体现，是与自然和谐发展的可持续思想的体现，是中华血缘文化精神的体现。今天到世界各地，华人一谈起共同的祖先和中华民族的文化，一谈到我们都是中华儿女，就会有认同感，感觉共同拥有中华魂。所以中华民族伟大复兴的中国梦要实现，炎黄精神和炎黄文化是必不可少的，因为每一个中华儿女内心中都拥有共同的精神家园即是炎黄精神与华夏文明。

本书的观点认为，世界未来可能会统一在一个政府体系下，而大一统的世界也是符合人类发展的总体利益的。就如同本书前言所论，在当今国际体系中大小国家间的纷争，乃至宗教、种族、民族等之间的纷争，所导致的人类悲剧太多了；即使从经济角度来说，单世界各国的军费开支就极其庞大，如果世界是在统一政府的治理下，这些开支的免除就是一笔极其巨大的社会福利，更别说在社会的各个领域所造成的巨大利害关系。

在中国，大一统的思想具有悠久的历史和深厚的文化基础，也是大一统的观念最早出现的国家。在遥远的中国古代，无论是《尚书》中、还是《周书》里，大一统的思想一直是中国古代立国的根本思想，而实现天下大同是中国古代治国理政追求的最高目标。这种华夏一体的大一统思想为中华民族在几千年的发展过程中，始终引领世界的强盛潮流奠定了思想基础。大一统历史的形成，经历了血缘认同、政治认同与文化认同这一由浅入深的发展过程。炎帝和黄帝在这一历史进程中，有血缘纽带、政治纽带和文化纽带的巨大作用。在中国的古籍记载中，炎帝和黄帝被视为中国绝大多数民族的血缘始祖。中华民族是最为彻底的民族融合的典范，因为今天的汉族，其实并不是一个民族，或更确切地说不是一个种族的概念，而是一个混合了多民族的族群的统称。

可见中华民族是中国古代众多族群融合的典型，而炎黄精神对增强中华民族凝聚力的作用是世界融合可以借鉴和参考的最佳范本。如同《周易》中的“自强不息”“厚德载物”等内容，这些既是对炎黄文化的表述，也是对中华民族精神的最好诠释，所以弘扬炎黄精神就是弘扬中华民族精神。在中国历史上，无论历史怎样发展和变化，统一永远是这个国家在历史发展中的最终选择，也是最佳选择。在这些历史大潮中炎黄文化和炎黄精神始终感召和凝聚中华儿女，成为维护国家统一、民族富强的最高精神。这也是中华民族虽历经数千年而不衰、不断、不散的原因之一。

当然，时代在发展和变化，符合时代发展的思想、文化、精神，才是国家发展的思想依托，炎黄精神的内涵和外延也要与时俱进，并随着时代的进步不断获得新的补充、发展和完善，也就是说炎黄精神要上升为伟大的中华民族精神，并为不断适应新时代的需要而创新，才能具有强大的生命力、感召力和凝聚力。中华民族所具备和需要的伟大思想精神，需要炎黄文化的维系和发展，中华民族要由弱变强，实现中华民族的伟大复兴，就需要培养这种能适应时代发展的伟大思想精神。炎黄文化如果继续发挥中华民族感召力和凝聚力的重要纽带作用，中华民族一定会屹立于世界强国之列。

第三节　国家思想状态

一个国家要达到强盛的状态，整个国家的思想状态是关键，宽容与自信、仁德与诚信、积极与创新的国家思想状态，是国家强盛必不可少的，中国古代对此早就做出了系统的阐述。强盛的国家在思想领域一定是仁德和诚信的意识形态，这种仁德和诚信的意识形态能激发出国民强大的凝聚力，由此会使国民产生无比的自豪感。当然，随着时代的发展，一个国家的思想状态复杂多样，但是都离不开核心精神，即国家是需要有精神和思想的，强盛的国家必然具有强盛的精神和思想。中国唐代的贞观之治就是在这种国家思想状态下孕育而生的盛世。

放眼当今世界，美国精神与思想在世界上传播较广，成为强盛国家的思想范例。但是美国思想也面临着巨大的负面问题，这就是美国的霸权思想与美国的自由民主思想的巨大悖论，这一巨大的思想悖论将是美国整合世界的障碍。对于一个强盛国家来说，这种思想的负面作用对未来发展是一个巨大的鸿沟，也必将左右着美国未来的强盛与衰落。

对于国家思想状态健康发展的调控与把握，中国古代的周朝最为成功，这也使得周朝是延续时间最长的强盛国家。周朝遗留下来的很多宝贵经验和优秀思想，影响着两千多年以来的中国历史和王朝。而成功和具体化的周礼依然是当今世界上最为系统和权威的国家制度体系和思想体系。只是随着时代的发展，这些制度和思想体系已经无法适应后来的社会要求。在两千多年的后世中，有很多王朝想借助周朝的制度和思想进行国家强盛发展之路的探索，但都失败了。这是制度和思想的失败，是无法逾越的时代发展对新思想和新制度的要求的失败，其中最为典型的案例就是西汉末年王莽新政的失败。

旧思想无法适应新时代，因此在国家通往强盛的道路上探索前行的领导者，一定要清醒地认识到思想的力量，尤其是国家思想状态与国家强盛对思想要求的关键点，即要有适应时代发展的创新性的政治思想，以及为此思想积极调控国家思想状态。只有国家思想状态和国家创新性的政治思想相契合，这个国家才能平稳和谐地通往强盛的未来。

第四节　新思想、新时代

新的思想孕育新的时代，只有符合时代发展的思想，才能把握时代的脉搏，成为国家强盛的思想基础。

新的思想出现后，并不能马上成为指导国家强盛的思想依据，任何新的思想都有一个比较长的酝酿和成熟的过程，之后才能成为强盛时代的指导思想。就以指导古代中国的儒家思想为例，当儒家思想在以孔子为首的思想家系统整理阐述出来后，经过了几百年的成熟期，期间还遭受过严重的打击（秦始皇的焚书坑儒），直到汉武帝时才由董仲舒改造成为指导国家的主导思想，于是全新的儒家思想开创了一个全新的时代，对于古代中国来说，儒家思想虽历经时代的发展和变迁却一直主导着中国近两千年的帝国时代，孕育出了灿烂的东方文明，也引领着中国在近两千年的时间里创造出不同的强盛时代。

同样，资本主义的思想也经过几百年的孕育成熟，最终成为近现代西方文明的指导思想，指引着西方社会的高速发展，创造出了超越东方的强大文明体系。

当然，不是所有思想都能给人类带来美好，极端的宗教思想引发大量的社会问题，很多地区战乱不断。宗教还影响到许多国家的内政，造成民族分裂，国家内乱。有些极端主义宗教派别还走上恐怖主义的道路。许多邪教思想流毒于世界，邪教已经成为一个全球性的社会问题，危害严重。邪教教主编造歪理邪说，对信徒进行精神控制。他们秘密活动，觊觎政权，聚敛钱财，侵害妇女，害人性命，制造出一起起震惊世界的惨案。今天这些反人类的思想依然存在，而且借助互联网得到了更广泛的传播。贫穷和缺乏正确的教育使得一些人很容易陷入极端思想不能自拔，这必将给人类和他们自己带来巨大的悲剧和灾难。究其根源，还是世界的各种不平等造成的，也是人类自身造成的巨大问题。

所以，面对未来世界，尤其是进入智能核心型社会，全新的思想是人类适应全新时代的指导者，更是发展和引领世界强盛潮流趋势的关键，因此新思想是照亮新时代的光辉！

第五节 未来社会的思想探讨

资本主义思想奠定了当今西方社会的领先优势，但是每一种社会思想体系都不是永不过时的。随着金融资本时代的到来，以及机器解放人类的劳动力，未来的社会将是什么样的？如果任由资本掌控这个社会，那么巨大的贫富差距和不平等将把人类社会带入悲惨的深渊。

在资本主义的思想构架下，私人财产的神圣不可侵犯已经很难适应社会的发展，尤其是资本和财富过分集中和操控在少数人手中的社会现实。在金融资本掌控下的巨大私人财富怎么处理？西方尤其是美国往往通过遗产税和私人捐助的形式回报社会，但是在金融资本全球化的今天，很容易通过避税来逃脱这些调控手段。而这些不受约束的巨大金融资本掠夺性将发挥出最大限度的威力，将掠夺世界上每一个可以掠夺的角落，未来即使是强大的国家都将难以抵挡。

看来未来只有全球性的民本政府体系和新的思想构架支撑的全新治理体系，才能胜任如此艰巨的人类难题。人性有贪婪和残忍的一面，代表着人类本性的金融资本体系同样具有这一原始特性，只有强大的思想和政治体系，才能制服在巨大的金钱利益诱惑下人类对于金融资本的贪婪未来。

人类社会需要一种有关未来社会的指导思想，什么样的思想能成为未来社会组织构架的理论依据呢？以下将对此进行一些探索和讨论。

在以计算机和互联网为基础的新技术的浪潮下，人类社会已经没有障碍地进行快速的交流和往来，它带给人类全新的能力和面貌。这些变化正在悄悄地改变着世界，这些改变中也孕育着全新的思想和未来社会的全新体系。

在经济体系中，跨国公司模式是一个值得研究和学习的模式，只是它只以经济诉求为出发点，而没有政治诉求。美国的联邦制和欧盟的制度也是未来社会可借鉴的一种模式。

互联网的分布式模式，也有可能成为未来社会的形式，比如在脸谱这个全球互联网体系中组成一个虚拟的国家或世界也是值得研究的模式。甚至未来在互联网中，一些网民自发组成的组织，当它庞大到一定程度时，可以组成一个虚拟的并实现无疆界的网络国家，而当这个国家真正付诸实践并运转时也是一个无法忽视的国家实力体现！

在以上几种未来的构架体系中，还缺乏具有引领世界的思想体系来获得世界的认同，并在此基础上达成共识。未来世界里国家到底是什么样的呢？支撑未来世界政治的思想体系到底是什么样的呢？

未来世界的国家体系，例如无边界国家体系（虚拟国家体系），在这样的体系中，新体系的非暴力原则、人类公平正义原则、财富再分配原则、全新的普世价值的思想，私有财产公益化思想等都需要探索和研究。

当智能核心型社会的时代到来后，国家又将有怎样的变化，甚至将来智能机器人的地位与人的关系等，随着科技的发展一切都是那么的迷人而又扑朔迷离！

如果说人类社会发展的过程就是从低级到高级的过程，是从欠缺到完善的过程，那么总体来讲国家体系的建立就是为了不断满足人们自身发展的需要，国家的建立使人们更加有能力不断克服阻碍和改造自然，从而提升自身的生活水平。国家的建立使得人类社会的生产力不断发展，国家的政治结构和政治制度又不断改变社会当中的生产关系。国家的建立是人类文明发展的跨越性标志，是人类改造自然能力的飞跃性提高。国家的政治体系的发展，代表着人类社会从初级社会阶段逐步进入高级社会阶段。

在人类漫长的发展历史中，国家的作用日益明显，人类社会的生产力在国家政治体系的发展中也同时得到了充分的发展与运用，推动了整个人类社会的历史性进步。最初奴隶制国家的出现，使一部分奴隶主的生活条件得到了充分的满足。封建制国家的出现，标志着人类社会进入新的发展阶段，更多人的生活条件得到了充分的满足，人们的权利和自由得到了进一步的发展，社会生产力也随之得到更大的发展。

人类社会发展的追求是永无止境的。资本主义制度国家的出现，使私人财产神圣不可侵犯，在平等和自由的人权理念下，更加进一步解放了人类社会，也解放了生产力；拉开了世界近代史的序幕，引发了产业革命，使人类社会进入社会化大生产时代，进入生产力大发展大解放时期。促进了科技的发展，科技进步标志着人类社会的发展掀开全新的一页。从此，资本主义国家以更高更快的发展迈向了今天繁荣的社会体系。

然而资本主义国家体系也不是完美的。资本主义社会是资本相对整个社会起到主导地位的社会，也是私有制的自由的市场经济。英国的亚当·斯密在他的《国富论》中为发展资本主义社会开创了强大的理论基础。但是，在资本主义社会发展了一段时期之后，由于资本的不断积累所形成的资本垄断，出现了生产能力的相对过剩，最终导致了经济大崩溃，大批工厂破产倒闭，大量工人失业，致使大多数资本主义国家陷入混乱与苦难之中。最典型的的例子是美国 20 世纪 30 年代的经济大萧条时期。

随后，凯恩斯提出了他全新的经济理论：凯恩斯主义。凯恩斯在著作《就业、利息和货币通论》（1936）中提出的经济理论是，主张国家采用扩张性的经济政策，通过增加需求促进经济增长。凯恩斯主义认为，宏观的经济趋向会制约个人的特定行为。18 世纪晚期以来的“政治经济学”或者“经济学”主张不断发展生产从而增加经济产出，而凯恩斯则认为对商品总需求的减少是经济衰退的主要原因。由此出发，他认为维持整体经济活动数据平衡的措施是在宏观上平衡供给和需求。因此，凯恩斯与其他建立在凯恩斯理论基础上的经济学理论被称为宏观经济学，以与注重研究个人行为的微观经济学相区别。

凯恩斯主义的主要结论是经济中不存在生产和就业向完全就业方向发展的强大的自动机制，这与新古典主义经济学所谓的萨伊法则相对。后者认为价格和利息率的自动调整会趋向于创造完全就业。试图将宏观经济学和微观经济学联系起来成了凯恩斯《通论》以后经济学研究中最富有成果的领域，一方面微观经济学家试图找他们思想的宏观表达，另一方面，货币主义和凯恩斯主义经济学家试图为凯恩斯经济理论找到扎实的微观基础。第二次世界大战以后，这一趋势发展成为新古典主义综合学派。

资本主义国家体系不断在社会矛盾的相互转换中求索，今天的资本主义国家由前资本主义社会进入后资本主义社会，也叫福利资本主义社会，总体来讲就是进入了社会起主导地位的资本主义社会。

时代的发展、科技的进步，不断推动社会和国家制度的变革，面对互联网和智能网络社会，智能机器逐渐取代人的生产地位，人类必然伴随着技术的进步，得到进一步的解放，这些由科技进步所带来的人类的全新解放，必然孕育全新的政治体系和社会结构。工业化大生产的发展解放了人类的体力劳动，而智能机器人的发展也会解放人类的脑力劳动。信息技术的发展和大数据的运用必将改变人类对国家和社会体系的管理方式，全新的基于科技的管理方法和手段也将推动人类社会、国家政治制度体系向全新的社会管理制度体系发展。

因此说，人类社会的发展就是一部人类自身逐步得到解放的过程。每一次大的社会制度的变革，必然会使更多的人类得到制度性的解放，使更多人类的生活得到充分的满足，而人类社会终极发展的目标一定是尽量使所有人的生活得到充分的满足。这在过去的历史过程中是一个不可能实现的目标，但是科技的进步将有可能使其实现！对于这样的社会我在这里将它称为智能核心型社会。

虽然我个人对未来比较悲观，但是如果以乐观的角度去看未来，那么一直以来困扰人类社会发展的经济问题，在科技发展的支撑下一定会得到根本解决。如果在未来的智能核心型社会里能够真正实现高度发达的物质文明与高度发达的精神文明，智能核心型社会也许会成为我们全人类美好的未来。

第六章　文化：强盛的依托

文化是一个国家通往强盛之路的依托，没有文化的依托国家将无法长久与强盛。什么样的文化孕育出什么样的文明。同时，文化是一把双刃剑，它既可以成为强盛的承载与依托，又可以成为衰落的根源及弱小的因素。

只有具有强盛特性的文化，才能孕育出强大的组织、强盛的国家。回顾中国历史，文化对于国家的兴亡起着重要的作用。以元朝和清朝为例，元朝虽然统一了国家，但是由于没有很好地与汉文化融合，结果还是失败了；而清朝同样是少数民族入主中原，但是全面的文化融合后，清朝得以很好的发展并成就了康乾盛世，可见文化的重要性。

当今世界文化强国美国，利用强大的文化实力和文化战略取得的成就有目共睹。国家要想强盛，单凭武力是难以实现的。世界上最强大的武器是改变人的思想和精神，而文化是最有力的武器。因此强盛的文化体系，必然会孕育出强盛的国家。

原文化部常务副部长高占祥先生，有一部文化巨著《文化力》，我对书中关于文化作用的很多论点十分关注，尤其是“文化力是软实力的核心”这一高瞻远瞩的文化力定义具有非凡的文化战略意义！

第一节　国家强盛的文化战略

国家强盛与否，文化是关键。当国家文化是激励国民上下奋力进取时，国家的强盛必然被这样的文化所带动和推进；当国家上下不思进取，腐败猖獗、物欲横流，到处奢靡享乐，这样的国家不衰败与灭亡是不可能的。

国家的文化战略是要有选择性的，文化不仅仅是满足人民的娱乐与消遣，更是一个民族高尚与强盛的内在因素。

强盛国家的文化战略在当今时代以美国做得最好，尤其是媒体和网络舆论战争，及其背后的文化思想和意识形态的战争，已经取得了显著的成效。当代美国学者亨廷顿在《变化社会中的政治秩序》一书中说："对一个传统社会的稳定来说，构成主要威胁的，并非来自外国军队的侵略，而是来自外国观念的侵入，印刷品和言论比军队和坦克推进得更快、更深入。"这道出了当今世界强国美国的文化战略。

导致苏联解体的冷战是美国在思想文化和意识形态方面取得巨大成功的典型案例，让强大苏联一夜垮塌的不是刀枪相对的战争，而是一场持久而无边界的文化和思想的战争。今天普通大众所关注的常规战争和核战争是威慑性的战争手段，实际上无时无刻都在发生着的却是文化思想领域的战争。

当今世界，对于一个走向强盛之路的国家，单纯从政治、经济、军事等传统的领域来发展，已经远远不够。在信息化的时代，依托全新的技术和网络，在思想文化和国民意识领域加强思想文化的发展是国家不可或缺的要素。在国家的文化、教育领域着手建设、振兴国家文化战略是一个国家文化思想的重心，也是一个国家真正强盛的新的核心内涵。

要塑造一个最强盛的国家，关键是要塑造这个国家强大的文化思想和文化传播系统，这是国家走向强盛的永恒不变的真理。如果一个国家在文化思想领域渲染暴力，道德沦丧的思想猖獗横行，那么这个国家谈强盛是奢望，衰落和灭亡才是归途。如果一个国家能在自己的文化思想领域，推出一套自己的价值观并获得广泛的认同和效法，那就说明这个国家的文化思想领域是领先于世界的，这样的国家必定是强盛的国家。

对于强盛国家来说，国际准则和国际合作是通过自己的实力来建立的。在世界还没建立新的国际政治格局的情况下，美好而理想的国际准则是无法真正落实的，只是强大国家的游戏。当今世界，文化正在成为世界争霸的主要阵地，而文化是国家强盛的根本体现。在文化思想领域获得世界广泛认同和效仿的国家，也必然会在国家争霸中成为世界的引领者。

我们通过美国对苏联实施的文化思想战略，和苏联解体后美国针对当今世界的文化思想战略，来分析一个国家的文化思想对于强盛的启示。

第二次世界大战结束后，美国成为世界上的超级大国，但不是唯一的，还有一个国家就是苏联，而且美苏两大阵营的对峙态势已经呈现，这严重阻碍了美国成为世界唯一超级大国的道路。于是当时美情报机构负责人艾伦·杜勒斯在国际关系委员会上发表了一篇演说："战争将要结束，一切都会有办法弄妥，都会安排好。我们将倾其所有的黄金，全部物质力量，把人民塑造成我们需要的样子，让他们听我们的。人的脑子，人的意识，是会改变的。"

杜勒斯说："我们将从文学和艺术中逐渐抹去他们的社会存在，我们将训练那些艺术家，打消他们想表现或者研究那些发生在人民群众深层的过程的兴趣。文学，戏剧，电影——一切都将表现和歌颂人类最卑劣的情感……我们要把布尔什维克主义的根挖出来，把精神道德的基础庸俗化并加以清除。我们将以这种方法一代接一代地动摇和破坏列宁主义的狂热。我们要从青少年抓起，要把主要赌注押在青少年身上，要让它变质、发霉、腐烂。"杜勒斯的这篇演讲成为美国文化思想战略的开端，杜勒斯也因此成为美国走向霸权主义超级大国的文化思想战略的奠基人。

随后美国冷战思想的肇始人乔治·凯南著名的八千字电文《苏联行为探源》，成为美国对苏文化思想战略的檄文，更是美国战后对以苏联阵营为主的对外战略的战略基石。美国以摩根索理论为基础，完全应用了乔治·凯南和杜勒斯的战略思想，制定了分化中苏同盟，肢解社会主义阵营，进而渗透苏联，进行以思想文化为主的新形式战争——冷战。

冷战开始，针对苏联的思想文化战全面展开。美国和整个西方针对苏联和社会主义阵营的思想以文化战略为主，经济战略和军事战略为辅；瓦解以苏联为首的社会主义阵营的思想文化体系和培养亲美国的文化思想体系。美国以经济为基础的文化思想战略得到了巨大的成功，连苏联最高领导人戈尔巴乔夫也成了西方文化思想的战俘。强大的苏联因为文化思想战略的失败，在 1991 年里不到半天的时间内就土崩瓦解。

美国学者约瑟夫·奈是美国软实力的倡导者，他认为，传统的国家依靠硬实力，容易因扩张过度、树敌过多而瓦解。美国应该充分利用自身的软实力，通过输出美式价值观、世界观和人生观，从而达到称霸世界的目的。于是美国利用各种优势，宣传美国梦、美国模式和美国代表的普世价值。利用美国掌控下的全球贸易体系，将麦当劳、好莱坞和华尔街等物质产品、文化产品和相关的经济理念，输出到全世界并取得了巨大成功。

美国还更多地借助各种非政府组织，更加巧妙、间接地达成美国的国家文化战略意图。美国国家民主基金会创始人之一艾伦·温斯坦说：“我们今天做的许多事情，就是 25 年前中情局偷偷摸摸做过的事情。”无疑，美国的文化战略是十分成功的，实现了美国的国家利益。文化为美国的强盛注入了强大的力量。在通往强盛的道路上，文化的强盛也是国家强盛的标志。

第二节　媒体责任对文化强国的影响

一个国家的大众文化崇尚什么，那么这个国家就将走向什么方向！

当今世界，媒体成为社会文化的传播者、承载者和塑造者，媒体对于国家文化的传播有着不可推卸的责任，同时也是监督和塑造一个国家或组织的重要手段，对于一个国家走向强盛起着极其重要的作用。

了解一个国家，我们从这个国家的媒体表现就能得出这个国家的整体状态。从各种介质媒体传播的内容，到针对不同人群和年龄阶段的媒体内容，就能得出这个国家的强弱贫富以及国民精神的状态。

大众传媒有一种难以察觉的隐性塑造力，它在无形中时刻影响和改变着人的内心意识，并塑造出媒体意识形态的人，而由媒体塑造出来的国民组成的国家，必然是媒体所体现出来的国家状态。

从大众媒体看，一个国家的主流媒体推崇的是国家精神、英雄主义、关爱与承担、拯救与责任，而另外一个国家的主流媒体是娱乐、吃喝、恋爱、色情、暴力，不言而喻就会得出哪个国家的文化是走向强盛的文化，哪个国家的文化是走向衰落的文化。

媒体对于人的无形影响，尤其是对少年儿童的影响十分巨大，所以通往强盛之路上的国家，对于媒体要有极其敏感的警觉，对媒体传播的内容更是要防微杜渐，因为不良的媒体能够无形中化强盛国家于衰败之中，英明的领导者不得不谨慎对待！在今天网络游戏也必将影响与改变世界未来的社会状态，这也是致力于国家强盛的人需要研究与思考的问题。

对媒体的善加利用才是国家治理的良方，媒体是国家监督的重要力量的体现，也成为改变社会和国家最佳的方式和手段，享誉世界政治史的“炉边谈话”就是对媒体善加利用的典范。

“炉边谈话”是美国总统罗斯福利用当时的大众传播手段进行政治性公关活动的事例之一。20 世纪 30 年代，美国经济处于大萧条时期。为了求得美国人民对政府的支持，缓解萧条，美国总统富兰克林·罗斯福利用“炉边谈话”节目，通过当时最主要的传播方式收音机向美国人民进行宣传。他的谈话不仅鼓舞了美国人民，坚定了他们的信心，而且也宣传了他的货币及社会改革的基本主张，从而赢得了人们的理解和尊敬，对美国政府渡过艰难、缓和危机起到了较大作用。

在罗斯福就职总统后的第 8 天，他便在总统府楼下外宾接待室的壁炉前接受美国广播公司、哥伦比亚广播公司和共同广播公司的录音采访。工作人员在壁炉旁装置扩音器，他们就像坐在自己的家里，双方随意交谈。哥伦比亚广播公司华盛顿办事处经理哈里 · 布彻说：既然如此，那就叫“炉边谈话”吧，于是节目就此定名。

当时美国经济面临的大萧条导致了银行全面的信用危机，在 1933 年情人节晚上全美国的银行开始崩溃，各州的信托公司已到山穷水尽的地步，银行大批地倒闭，全国银行库存黄金不到 60 亿元，却要应付 410 亿元的存款，银行门前人山人海，挤兑风潮遍布美国各地，就在罗斯福宣布就职的那一天，美国金融业全面停止工作，美国证券交易所正式关闭。

罗斯福经过长时间的思考，通过“炉边谈话”的形式，用他的自信与缜密的演说给陷入绝望的美国民众以希望，“炉边谈话”充分利用当时全新的大众传媒的威力取得了巨大成功。因此罗斯福被公认为是美国历史上最会利用新闻媒体的政治家之一，当时进行初次“炉边谈话”是因为美国正值30年代大萧条时期，罗斯福也利用刚刚兴起的广播媒介，用“谈话”而非“讲话”的形式将自己自信的声音传遍全国，带进千家万户，通过当时的全新媒体形式，把总统与民众的感情拉近了，从而在心理上造成了一种休戚与共的团结感。当民众听到“炉边谈话”时，人们就仿佛看见脸上挂满笑容、充满信心的罗斯福，通过全新的大众传媒把在华盛顿的罗斯福与美国民众的距离拉近到不比起居室里的收音机远的地方。甚至有民众将他的照片剪下来，贴在收音机上。罗斯福的“炉边谈话”产生了巨大的影响，成为了大众传媒史上的一个典型案例。此后罗斯福将这种形式延续下来，一直到他去世。

罗斯福的第一次“炉边谈话”标志着罗斯福新政的开始，20世纪30年代的美国正碰上全球性经济危机，美国经济在短短几个月内几乎崩溃，大萧条时代给美国带来了巨大的危机，到1932年冬天，美国至少有1300万人失业，3400万人没有任何收入。人们依靠私人资助、市和州政府少得可怜的公共救济，以及自己微薄的积蓄度日，当时最著名的歌曲是“兄弟，能给我一角钱吗？”真实地反映了三十年代大萧条时期，美国民众的艰难生活，正是罗斯福的新政改变了美国的经济状况，而“炉边谈话”则通过大众媒体的传播给了民众以信心。

每当美国面临重大事件之时，罗斯福总统都用这种方式与美国人民沟通，在其12年总统任期中，一共进行了30次“炉边谈话”，他的施政方针通过这种方式很好地传递给美国民众，使民众理解和接受他的治国政策，为美国走出大萧条时代，抛弃孤立主义政策，加入第二次世界大战，并在战后成为世界最强盛的国家打下了坚实的民众基础。

第三节 新媒体时代的文化传播力

人类社会的发展和进步，也伴随着媒体传播技术的发展和进步。一个国家要时刻关注传播手段的发展和媒体的进步，这样的国家才能利用新媒体带来的优势，成功走向强盛的道路。

今天的新媒体是指以计算机技术为基础，互联网为传播手段，融合过去各种媒体的信息技术。这些技术的应用意味着一个全新的媒体时代的到来——新媒体时代。新媒体时代也带来了大数据时代，这给文化的传播带来了极大的便利，也给文化的管理带来了新的机遇与挑战，更为国家的强盛提供了全新的手段和方式。基于互联网的信息技术所带来的文化传播力是史无前例的，它的出现给人类发展带来了全新的飞跃。新媒体时代的传播力也是人类新技术力量的一次跨越。今天的新媒体中，智能手机和移动互联的自媒体时代方兴未艾，如推特、Facebook、微博和微信等，随之到来的是一个难以用传统方式管理的自媒体时代，对于文化传播将产生巨大影响。

信息化时代催生了一个全新的新媒体技术的应用。在信息化时代，数字技术广泛应用，对于人类文明的各个方面都具有巨大的推进作用，并促使人类社会不断发展进步。新媒体时代的特征是信息技术在生产、生活、经济、社会、科技、文化、教育、国防等各个领域的应用不断发展并取得巨大的效果。新媒体时代的数字化传播更为文化传播力提供了全新的机遇，也为文化传播力赋予了全新的内涵。

文化传播力是一种文化传播到达受众、影响社会的能力，是文化通过各种传播方式产生传播效果的能力。文化的生命力是依靠载体来传播的，因此文化传播技术和传播手段就成为传播文化力量的核心力量。文化传播能力的大小更是衡量一个国家文化软实力和影响力的重要指标。对于一个国家而言，应用新的媒体技术大力提升文化传播的影响力，是非常重要的，因此以互联网为基础的新媒体技术必将成为文化传播领域的最佳传播手段，成为文化强盛之路的必不可少的手段。

应用新的媒体技术来提升国家的文化影响，是通往强盛之路必不可少的手段。一个国家的兴衰，不仅取决于它的政治、经济、军事、科技等硬实力，更取决于它的文化思想的影响力。一个国家和民族在思想文化领域等方面的影响力，主要包括制度影响力、意识形态影响力、文化影响力等方面，而文化影响力是最重要的方面。

运用新媒体提升文化传播力，是推动国家高效快速发展、提高人们物质文化和精神文化水平必不可少的手段。文化的传播也是推动经济发展的重要手段，可以促进社会的进步；文化思想是凝聚人心的精神纽带，是关系民生的重要支柱。新媒体从文化传播的价值来看，它具有多重属性，不仅可以创造巨大的经济价值和社会价值，有效促进经济增长与社会发展，更能最大限度发挥引导社会、教育人民、推动发展的功能。因此要把握信息化时代新媒体传播的新方式，构建以新媒体为核心的全新文化传播战略机制。

新媒体是以互联网为基础的计算机数字化全媒体、超媒体等的集成概念，是数字时代科技创新、文化创意、信息传播、经济发展、社会进步的重要手段。新媒体是文化传播的全新方式，是以计算机为载体、互联网为传播手段的引领文化创新及传播的重要平台。对于新媒体领域，国家要制定符合新媒体发展规律的文化发展战略，构建以新媒体为核心的综合化、立体化、现代化的文化传播战略体系。从战略高度推进大众媒体网络化，拓展数字报纸、电子期刊、网络广播、数字电视、手机报刊等新媒体建设，使新媒体成为一个国家文化强盛的新阵地、文化传播的新平台，形成全新的国家文化平台体系。

利用新媒体掌握文化传播的主动权，构建国家文化传播的影响力，掌握文化和舆论的主动权。一个国家的文化传播力由对内和对外两个方面组成，建立起世界范围的新媒体传播系统，打造出受众广范、信息强大、影响深入的新媒体，是增强国内外影响力、主导话语权，以及提升国家形象和走向强盛的必要手段。

第四节　文化：国家强盛的双刃剑

文化对于一个国家是一把双刃剑，用得好就会带来所向披靡的胜利果实，用得不好或不知道如何正确运用文化的力量，那么可能会给国家带来灾难。文化的负面作用在人们的思想和精神方面会造成长远的伤害，影响国家的兴衰走向。

文化是很容易引起误解的概念，一谈到大力发展文化，很多人首先想到的可能就是各种文化活动与庆典，其实很多大规模的文化活动与庆典未必能带来国家文化的强盛，只会徒耗国力。体育活动也是一样的道理，发展体育运动的目的是提高每一个公民的身体素质，国家不能为竞技体育而偏离这一核心。而且强盛的国家应该具备的是尚武守信的精神而不是竞技体育，因为无论何时强大的尚武守信精神都是别国所敬畏的根源。

“烟笼寒水月笼沙，夜泊秦淮近酒家。商女不知亡国恨，隔江犹唱后庭花。”中国晚唐著名诗人杜牧在《泊秦淮》一诗中，一语道出了文化对于国家兴亡的负面作用。当年陈后主长期沉迷于这种萎靡的文化生活中，视国政为儿戏，终于丢了江山。陈朝虽亡，这种靡靡之音却留传下来，还在秦淮歌女中传唱，这使杜牧非常感慨。很多衰落的王朝到晚期，它的文化状态一定是颓废和奢靡的没落文化，所以一个国家要想走向强盛，一定要时刻警惕会导致国家没落的文化内容和颓废的文化精神。

国家要引导社会文化向积极进取、励精图治、道德高尚等方面发展，使其能促进国家发展和推进强盛，用文明高尚的文化精神指引国家的发展和进步。作为国家文化政策的制定者必须能清醒地认识到文化的正负作用。

国家的强盛与国家的文化安全有着十分重要的关系，导致苏联解体的原因之一就是国家文化战略的失败。而美国在国家文化安全方面做得很好，美国历来重视文化的发展和输出，对国家文化安全也极为关注，美国也把国家文化安全作为国家安全战略的核心之一。美国通过文化创新与发展来保障自身的文化实力，通过美国的意识形态与美国价值输出来保障自身的文化安全。斯诺登事件更为我们揭开了美国文化安全政策秘密的一角。

美国在文化安全战略方面具有自己独特的模式，表面上美国没有设立文化部门，没有专门的文化立法，实际上美国政府在立国之初就形成了一套独特的文化安全的管理方式。在美国，国家安全委员会对文化发展起着关键作用，由美国总统直接领导的政府高级机构组成。美国的文化政策是与其他各种政策紧密结合在一起的，并不是孤立的文化政策模式。这些文化安全政策与美国国家内政、军事、外交等方面的安全政策一同向总统提出有关的战略建议。美国总统会发布一份《美国国家安全战略报告》，为未来美国军事、政治、经济、文化等方面的战略方针、政策制定提供依据。美国不是不注重文化安全，只是美国的文化安全政策根植于美国国家整体战略和政治、外交、军事、经济和贸易政策里。

文化也是美国安全战略的重要领域，而美国也是世界上最早将文化安全纳入国家核心安全战略的国家，维护文化安全成为美国非传统安全的重要领域。美国政府各重要部门都参与其中，建成了全球最具实力的的文化安全体系。在美国政府支持下，各种基金会成为美国文化的重要体系之一，他们以各种名义在世界各地开展文化活动，弘扬和宣传美国文化，同时也维护着美国的文化安全。即使是面对恐怖主义时，前布什总统还提出“在打击全球恐怖主义的战争中，我们永远也不要忘记我们的终极目标——为保卫我们的民主价值观念和生活方式而战”，可见美国在维护他们的价值与文化时的态度。

今天，美国利用自身的各种优势和手段，来维护和巩固自己的文化实力和文化安全，还利用强大的传媒网络平台直接进行文化推广。美国是互联网技术的发明国，因此美国在利用在网络技术推广美国价值观和美国文化方面取得了极大的成功。美国还通过实力强大的跨国公司体系利用经济的影响力带动文化的影响力。美国这些跨国公司实力强大，雇用了无数的世界各国的员工。这些公司除了为美国带来巨大的经济利益外，更是通过公司管理体系和理念、公司文化、人员培训等方式潜移默化地把美国的文化推向世界。

可见美国对文化的重视程度以及文化的影响力有多巨大，美国巨大的文化影响力使得美国的文化成为当今世界的主流文化之一。这种文化扩张既保障了美国的文化实力，也保障了美国的文化安全。这既符合美国的国家利益，也为巩固美国在当今世界的霸权地位发挥出文化所特有的力量。所以，任何一个想走向强盛的国家，文化战略是十分重要的一部分。韩国作为一个后来居上的国家，也是成功走向强盛的国家之一，韩国的文化战略和文化影响力做得很成功，风靡世界的韩流即是韩国文化影响力的体现。

第五节　建立面向未来的强盛文化体系

一个国家要想保持持久的繁荣强盛，建立一个面向未来的具有强大影响力和感召力的强大文化体系，是这个国家通往强盛之路的依托和保障。两千多年来中国之所以能够走在世界前列，就是因为有一套完备的对于当时世界是相对领先的文化体系，这种文化体系强大的辐射力和感召力至今还影响着世界的许多方面。今天西方的文化体系正在世界范围内获得比较大的认同，也是因为西方社会这一强大的文化体系所产生的力量。

未来，谁能建立一套融合东西方的、能被世界广泛接受和认同的文化体系，那么谁就能领先世界，引领未来。因为世界已经进入地球村的时代，由于先进的信息技术的发展，世界已经没有隔阂。新的文化形式和手段能被互联网和智能终端迅速地传向世界，谁能在文化领域创造出引领世界的文化思想和文化形式，则谁就能更容易走向强盛。

第七章　教育：强盛的塑造

提升公民素养的教育是塑造一个强国的基础，中国在夏、商、周时就已经熟练运用教化手段并取得了良好的效果。有什么样的公共意识就会产生什么样的国家，通往强盛之路上的国家其教育必将是沿着“一切为了国家强盛”这一核心目标去实现的。

教育至少包括两个主要领域，一个是人的综合素养的教育，另一个是知识的学习。相对于知识的学习，学习能力才是关键。在这两个教育范畴之中，人的综合素养的教育与培养是最关键的，如果一个人没有道德高尚、公平正义、严格自律的素养，那么拥有再好的知识也不会给国家和社会带来益处，相反还会给国家和社会带来危害。中国古语中关于人才使用方面的名句，“有德有才为上品，有德无才为中品，有才无德为下品”，对人做出了最经典的品评。

教育成就国家竞争力，今天有什么样的教育，未来就有什么样的国民，有什么样的国民，就有什么样的国家。教育是立国之本，教育是强盛的培养基，所以才有这样的名言“课堂哲学就是对下一代人的统治哲学——亚伯拉罕·林肯”。

在正确的方向上，教育与基础设施的高投入是未来国家高速发展的最好投入。

一个国家想要在全球经济中具有竞争力，就必须拥有一个能在资源有限的情况下，以责任感和迫切感振兴和支撑国家强盛目标的教育体系。国家强盛的重要环节是高素质人才的培养与新知识的学习利用和传播。

人类要持续良性发展，避免人类悲剧的发生，良好的教育是人类的关键和未来。因为人类的正见和知识不能够自然传承，只有通过良好的教育学习而来，但是人类的繁衍和成长无时无刻不在发生。一旦儿童不能得到良好的教育，人类社会必然就会出现人民素质降低、知识断层的情况，没有良好价值观的正见和科学知识的人类，必然会做出不理智和不科学的行为，必然会给社会带来更大更多的人为灾难，所以教育不仅仅是对自己有利，更是社会、国家乃至整个人类的最大利益的体现。

第一节　教育的启蒙作用

对于一个通往强盛道路上的国家，加强国民的启蒙教育意义非凡。例如欧洲的文艺复兴是欧洲走向强盛的启蒙思潮，也正是通过这种思潮，当时欧洲的人民普遍接受了资本主义的理论和思想，这种启蒙教育为西方后来的强盛产生了巨大的推动作用。国家要走向强盛，国民的思想启蒙教育十分必要，没有新思想的启蒙教育，国家强盛的新思想和理念就无法被广大国民所认知和理解，没有广大人民的理解和认可，国家强盛的思想和理念是不可能实现的。

中国在改革开放的短短三十多年中，经济之所以能快速发展，就是通过各种方式和途径对国民进行市场经济的启蒙教育，改变人们保守的思想，于是中国的经济发展取得了举世瞩目的成功。可见，想要通往强盛道路的国家，整个教育体系和传播体系都将围绕国家强盛这一核心才有可能实现！

西方之所以能走向强盛，与启蒙运动中许多著名思想家对于启蒙教育的积极推进有关。在法国资产阶级大革命前夕，一大批启蒙思想家在批判旧的封建专制制度的同时，提出了有关国家、政权、权利等方面的各种新思想和新观念，掀起了欧洲近代社会发展中具有重要意义的思想启蒙运动。在思想启蒙的运动中，法国的启蒙思想家们针对国民教育进行了论述，提出了有关国民教育的许多观念，为法国国民教育以及近代欧洲国家国民教育的思想奠定了基础。

法国大革命更唤起了欧洲国家国民的公民意识，使得整个西方近代社会中，国家、公民等思想成为人们讨论的共同主题。在此基础上，一大批思想家写出了相关的著作，如孟德斯鸠的《论法的精神》、拉夏洛泰的《国民教育论》等，他们以启蒙思想为武器，对近代西方国民教育制度的建立产生了很大的影响。

卢梭是较早开始提倡国民教育的思想家，但是卢梭的国民教育思想带有很强的民族主义色彩。他认为国民教育是培养良好公民的必要手段，认为人的教育事业是首要的事业。在卢梭写的《关于波兰政治的筹议》中，集中和充分地体现了卢梭民族主义的国民教育思想。他坚决主张只有波兰人自己才能够维护自己国家所需要的机构，强调国民教育对于培养国民的重要价值以及开展国民教育的必要性。

卢梭规划了不同年龄的儿童应该学习的内容：10 岁的儿童应该熟悉祖国的所有物产，12 岁的儿童应熟知一切省区、道路和城邑，15 岁的儿童应知道祖国的全部历史等等。在该计划中，卢梭还提出："我不喜欢把贫富不同的人划分于两种学校按两种课程来进行教育。既然照本国宪法他们是平等的，他们就应该一起受教育，而且是同样的；即便不可能建立一种完全免费的公家教育，不管是哪一处，所收的费应该是放低到使最贫苦的也能付与。"

卢梭的国民教育思想集中反映了 18 世纪后期的民族主义思潮，强调了国民教育应为民族、为国家培养具有民族特性的国民和公民，这使得国民教育在培养目标上既体现出国民性，又具有强烈的民族性。应该说，卢梭的国民教育思想引领了他那个时代的潮流。对于国家的发展和富强，教育至关重要，而对于国家的强盛，教育的启蒙作用是重中之重，是国家强盛的先行手段和方法。

第二节　教育与国家命运相关

国家要想强盛，首先国民要有强盛的强烈愿望，要使国民有强盛的强烈愿望，则国民的教育和媒体的作用是至关重要的。尤其是教育，要使国民从小就有国家强盛的概念，这就意味着国家教育在整体的规划和设计时就要有强烈的国民责任意识和使国家强盛的人生理念。

正如美国总统亚伯拉罕·林肯所言：课堂哲学就是对下一代人的统治哲学。所以对任何一个想通过自己的努力走向强盛的国家来说，把教育和国家强盛的政治目标相结合，是国家教育的根本原则。美国在通往强盛的道路上也是把教育和国家未来的前途结合在一起的，是一个成功的范例。

美国的政体和国家教育思想与孟德斯鸠有关，在18世纪初，孟德斯鸠写出了《论法的精神》，对美国共和主义观念的形成具有促进作用。他将政体分成三种：共和政体、君主政体、专制政体，非常清晰地论述了共和政体的性质及共和政体所具有的原则——品德。对于共和政体来说，培养这种爱的品德就显得尤为重要，共和国的教育应该注意激发这种爱，在共和国中建立起对法律和国家的爱。

孟德斯鸠对于共和政体的这些观念，在美国建国初期一些有影响的领导者的思想中可以看到，尤其是在杰斐逊等人的言论中都得到充分体现。在《论法的精神》的影响下，美国人逐渐形成了自己的共和观念，并在其指导下建立了倡导平等权利的共和体制，为建立平等的公立学校制度奠定了重要的思想基础和政治体制基础。

今天的美国是一个教育大国，也是一个教育强国。美国的教育理念对于有志走向强盛之路国家的教育具有一定的借鉴意义。一个国家和社会有什么样的主流教育理念，就会有什么样的教育实践和教育制度。影响美国教育，形成美国教育制度和教育格局的原因很多，但影响美国教育最深层次的因素是教育理念。这种教育理念被美国政府、政党、全社会所有民众所接受和遵循。

在美国，教育是国家和社会的支柱，这一理念得到国民的广泛认同。美国教育一直保持着它的独立性。美国大学一直坚守的大学精神是使大学成为保存人类文明的场所，成为培养智者的地方，成为人类精神资源传递和知识创造的精神殿堂。它是充满创造和创新的具有独立品格的思想熔炉，是用思想知识、精神呼唤引导社会前行的精神家园。教育已经成为美国国家社会进步和国家强盛的巨大力量源泉，教育已经成为国家和社会的重要支柱。

教育已经成为美国国家理念的保障。美国开国领袖之一的杰斐逊总统十分重视教育，他说："只有由受过教育的人民组成的国家才能保持自由。"他一生致力于反专制、反暴政，致力于建立民主、自由的政治制度。他认为如果人民没有受到好的教育，国家不是由受过教育的人组成，他的努力和梦想都将成为泡影，或者如同沙上建塔，顷刻倒塌；或者如海市蜃楼，终究是幻境而已。他一生对教育的重视以及他的教育思想，可以说奠定了美国教育的基本理念和基本框架。

美国的教育理念把教育提升到了与美国国家目标相一致的高度。这一理念使美国教育成为当今世界上最好的教育体系，也正因为美国的教育体系才塑造了今天美国的强大和美国的精神。这种平等、独立和追求社会道德良知的教育精神，使美国经过短短的一百年就成为世界上强盛的国家之一，其后直到今天一直是世界的第一强国。"保证教育机会均等，提高教育质量"这两句话，作为美国教育部的座右铭，也使美国的教育理念成为与国家发展和强盛密不可分的指导思想。对于想通过教育走向强盛的国家，借鉴美国的教育理念与教育政策是一条通过教育促进国家强盛发展的捷径。今天美国的强盛，也正反应出教育与国家命运之间密不可分的重要关系。

第三节　教育促进国家强盛需要法律保障

正确的国家教育是最有效的使国家走向强盛的手段，但也是最不容易实现的一种方式，因为它涉及每一个个体的因素，也涉及巨大的投入，而它的回报却是漫长的，效果不会立竿见影。由于地域和贫富的差异，人们观念和理念的不同，一个国家的国民对于教育认识是不一致的，如何保障每个国民接受合适的教育是一个巨大的难题。要想把国民教育很好地推行下去，必须有国家政策的支持和法律的保障。

没有国家强力的推进和法律的保证，国民素质的提升是难以想象的，教育经费和教育人才的匮乏，会损害国家教育的成效。没有法律的保障，很多国民不会把教育当回事，不会把时间和金钱放在既浪费时间更浪费金钱的教育上，而得不到教育的国民则会损害国家强盛的长远目标。

在当今世界最强大的国家之一美国，其教育已经通过很系统的相关的法律法令来保障，美国的教育法律体系包括《国防教育法》《天才教育法》《成人教育法》等。除此之外，还有针对某一个方面的教育法律。如 1862 年，国会通过了《莫里斯法》，向大学赠送土地，促使大学从贵族才能享受的教育向大众开放；第二次世界大战后，大批复员军人转业，国会通过《军人权利法案》，使这批人进入学校接受高等教育，使大学教育进一步朝大众化的平等方向发展。美国政府还通过制定一些专门法律来保证和促进教育公平和教育机会均等，以及提高教育质量。

美国政府对教育一直具有一种危机感，并时刻警惕美国教育中出现的问题。1983 年的《国家处于危机之中：教育改革势在必行》的调查报告既是一份给教育部长的报告，也是一封给美国人民的公开信。报告认为在美国政府在教育方面，没有完全实现建国时人人生而平等的诺言，所以美国处在危机之中。《报告》提出："最初在这块陆地上许下的诺言中有一部分正处于危机之中。这诺言是：所有的人，不论其种族、阶级和地位，都有权得到公平的机会，得到最大限度地发展他们个人的心灵和精神力量的工具。"《报告》还说："对一个自由、民主的社会来说，对促进共同文化，特别是一个以多元化和个人自由而骄傲的国家来说，共同享有高水平的教育十分必要。"

在《美国 2000：教育战略》中，前总统老布什提出了他振兴美国教育的方案，提出迈向 21 世纪美国的 6 大教育目标。1993 年克林顿宣布《2000 目标：教育美国法》，继续进行教育大改革，目标由 6 个增加到 8 个，新增的两个是：到 2000 年，国家的教师队伍应找到持续提高其职业技能的途径，并抓住机会，不断获得新的知识和技能，以教导美国学生为下个世纪做好准备；到 2000 年，每一所学校都应加强与家长的合作，家长应更多地参与到促进孩子的社会、情感和学业成长的活动中来。

这就是美国有名的教育八大目标核心思想，是要全方位地提高教育质量和实现教育公平。布什和克林顿认为，教育没有公平就谈不上教育质量，要实现教育公平必须从各方面来促进，如普及教育，扫除文盲，促进中小学校之间的平衡发展，每个学校都要有好教师，所有家长都要合作等。

美国历届总统都十分重视教育，很多总统上任后都在教育方面采取了很多措施。小布什上任后就提出了包括下列项目的施政纲领：教育、税务、社会保障、国防与外交、堕胎问题、医疗、农业科技和新生产业、环境和能源、国际贸易、枪械控制以及慈善事业。他把教育摆在了首位。

布什提出耗资 460 亿美元，用十年时间，为美国建立一个高标准、提倡发扬个性的教育体系。减少联邦政府的干预，维护校园安全，同时政府还将审查教育成果。设立 50 亿美元的基金，学生表现出色的学校将获得奖励，而学生表现较差的学校将被扣除 5% 的政府拨款；当某地区的公立学校连续三年不能达到标准，政府将动用联邦税款，资助学生家长将学生送往私立学校就读。布什还鼓励更多的学校进行创新，增加大学奖学金，政府拨款 80 亿美元，使每个家庭每年节省 5000 美元免税的教育经费。2003 年 1 月 8 日，布什又签署了名为《不让一个孩子落后法令》，这项法律旨在提高美国公立中小学教学质量，进一步促进公民享受平等教育权利。该法案要求从 2004—2005 学年开始，全国所有三到八年级学生每年必须接受各州政府的阅读和数学统考，各学区必须对每所学校的考试成绩提出报告，进行比较。如一所学校连续两年教学质量低劣，学生可转学；如连续三年教学质量未见提高，该校的员工将进行调整。所有学校必须缩短穷人与富人、白人与少数族裔的分数差距。各州发布保证在四年内使所有的教师都合格上岗，并将 2002 年的联邦中小学教育经费预算从 2001 年的 185 亿美元增加到 265 亿美元，扩大学生和家长对学校的选择性，促使学校之间均衡发展，以确保教育公平。

另外，美国民间也与政府相呼应，从经济效益和社会效益的角度呼吁教育公平和教育机会均等的好处。美国著名的智囊机构兰德公司，1999 年的教育研究报告的主要结论是：教育公平，能够给政府创造巨额的财政收入，给社会带来巨大的经济效益。

这种政府和民间共同推动，国家运用法律来确保教育的平等、自由、机会均等的方式，极大地促进了美国的长远发展。这种通过国家法律保障教育的形式，使美国今天的教育领先于世界，使美国教育既能满足不同人群、不同层次的人们的需要，又能充分发挥不同受教育对象的个性特点，使教育充满活力和生机，也为美国的强盛注入了巨大的活力。这种通过法律保障的国家教育也是使国家强盛的有力保障。

第四节　教育要塑造利于强盛的社会意识

国家能否强盛，首先是国民是否普遍具有国家强盛的意识倾向。由于所受教育的不同和国民素质的差异，不可能每个国民都具有追求国家强盛的强烈意识倾向，绝大多数国民都是处于迷茫和混沌之中而难以自知和觉醒。这时国家推进的国家强盛意识的教育是唤醒国民的主要方式，通过普遍的教育和宣传，使国民意识到国家强盛对于国民个体的重要性和长远意义。

一旦国家通过教育和宣传，唤醒了国民的强盛意识后，那么国民的觉醒就是国家通往强盛之路的无穷动力。当国民的觉醒达成了强烈的社会共识后，这种强烈的社会意识就是强大的精神力量，将使国家在通往强盛的道路上势不可当。所以在通往强盛的道路上，国家教育与宣传的核心理念就是要唤醒和塑造国民关于国家强盛的社会共识。这种社会共识的达成和建立将成为国家强盛的民众基础。在这方面做得较好的是日本的明治维新，可以说是十分典型的案例。

明治维新是指 19 世纪 60 年代，日本在受到西方资本主义工业文明冲击的背景下所进行的由上而下、具有资本主义性质的全面接受西方政治和思想的现代化改革运动。明治维新的改革，始于1868年明治天皇建立新政府，日本政府脱亚入欧，进行西方化政治改革，建立君主立宪政体；经济上推行“殖产兴业”，学习欧美技术，形成工业化浪潮，并且提倡“文明开化”，社会生活欧洲化，大力发展教育等。这次改革使日本成为亚洲第一个走上国家强盛的道路，跻身于世界强国之列的国家。日本是一个由落后国家走向强盛的成功代表，也是大力发展教育并在国民中建立广泛的走向强盛的共识后，迅速走向强盛道路的国家。

19世纪中期的日本，封建而保守，当时掌握大权的是德川幕府，当时对外实行“锁国政策”：禁止外国的传教士、商人与平民进入日本，也不允许国外的日本人回国，甚至禁止制造适于远洋航行的船只；只允许同中国、朝鲜和荷兰等国通商，而且只准在长崎一地进行。

在明治维新前，日本的资本主义的萌芽已经出现并冲击了日本传统的经济与社会结构，从根本上动摇了幕府的统治基础。在商品经济形态的快速扩展下，商人阶层，特别是金融事业经营者的力量逐渐增强。商人们感觉到旧有制度严重制约着他们的发展，于是开始呼吁改革政治体制。具有资产阶级色彩的大名、武士和要求进行制度改革的商人们组成政治性联盟，与反对幕府的基层农民共同形成“倒幕派”的实力基础。

到了1853年，美国海军准将马休·佩里率领舰队进入江户，今东京岸的浦贺，把美国总统米勒德·菲尔莫尔写给日本天皇的信交给了德川幕府，要求同日本建立外交关系和进行贸易，史称“黑船事件”。日本在1854年与美国签订了神奈川《日美亲善条约》，向美国开放除长崎外的下田和函馆两个港口，并给予美国最惠国待遇等。随之而来的一系列不平等条约的签订，把德川幕府推向了终结的道路。日本的中下级武士中要求改革的分子形成革新势力，以“尊王攘夷”为口号推进日本的政治经济变革。这股改变日本的势力中代表人物有吉田松阴、高杉晋作、大久保利通、木户孝允、西乡隆盛、横井小楠、大村益次郎等，他们的思想接受海外影响较早，对输入日本的近代科学技术和政治思想都比较积极地接纳和使用。

幕府末期，日本出现了富豪阶层。下级武士中的革新势力和出身富豪的人士，联合与幕府有矛盾的西南强藩和皇室公卿等，提出“尊王攘夷”的口号，刺杀幕府的当权者；袭击在日本的西方商人和外交官；但是受到幕府与西方列强的严厉镇压。

尊王攘夷运动失败后，许多有识之士认识到，要想改变日本的现状，实现富国强兵，必须推翻幕府统治。于是，尊王攘夷运动演变为倒幕运动。1864 年，高杉晋作起兵夺取了长州藩的政权，此后，长州在木户孝允的主持下进行改革，倒幕运动蓬勃发展。面对日本当时的形式，高杉晋作提出开港讨幕的战略，决定不再提攘夷，转向武装倒幕。英国政府权衡利害，改变策略，援助倒幕派。日本孝明天皇死后，明治天皇即位，天皇下达讨幕密敕，迫使将军德川庆喜奏请“奉还大政”，随后明治天皇发布《王政复古大号令》，废除幕府，但是导致了一系列的战争，史称戊辰战争，战争结束后日本全境统一。日本建立了由天皇操纵、主导政权的军国主义国家。

以明治天皇为首的新政府，于 1868 年 4 月 6 日发布具有政治纲领性的《五条誓文》，6 月 11 日公布《政体书》。明治天皇下诏将江户改称东京，并于 1869 年 5 月 9 日迁都东京，并颁布一系列改革措施：明治政府强制实行“版籍奉还”、“废藩置县”政策，将日本划分为 3 府 72 县，建立中央集权式的政治体制，且天皇拥有无限权力。

日本新政府废除传统时代的“士、农、工、商”身份制度，将过去的公卿诸侯等贵族改称为“华族”，大名以下的武士改为“士族”，其他从事农工商职业的贱民一律称为“平民”。为减轻因“版籍奉还”而连带的财政负担，政府通过公债补偿形式，逐步收回华族和士族的封地和俸禄。此外亦颁布武士《废刀令》，以及建立户籍制度基础的《户籍法》。

日本政府在社会文化方面，积极学习西方社会文化及习惯，翻译西方著作；废除阴历，改用太阳历计日；引进西方近代工业技术；改革土地制度，实施新的地税政策，废除各藩设立的关卡；统一货币制度，并设立日本银行，取消工商业界的行会制度和垄断组织。教育方面，日本政府更是不遗余力大力发展近代资产阶级性质的义务教育，亦选派留学生到英、美、法、德等先进国家留学，为日本的强盛奠定了强大的人才基础。

在军事改革方面，日本陆军学习德国模式，海军参考英国海军模式。颁布新的征兵令，规定凡是年龄在20岁以上的成年男子一律须服兵役，使得日本作战部队的军事动员可达40万人，日本还积极发展国家军事工业体系，为日本在世界战争中积蓄力量。

明治政府还派出以右大臣岩仓具视为首的大型使节团出访欧美，考察资本主义国家制度。在富国强兵、殖产兴业、文明开化的口号下，日本政府积极引进吸收西方科学技术，建立了一批以军工、矿山、铁路、航运为重点的国营企业。建立先进的示范工厂，推广西方科学生产技术；对外广招外国人才，对内派留学生出国学习，培养高级科技人才。不惜贱卖国家财产来大力发展教育，为日本的人才培养和推进国家现代化发展铺路，政策鼓励华族、地主、商人及上层士族投资经营银行、铁路及其他企业。日本于是开始出现产业革命的高潮，并从此走向强盛之路，成为当时世界上强大的国家之一。

明治维新后的日本经过20多年的发展，国家强盛起来，废除了幕府时代与西方各国签订的一系列不平等条约，掌握了国家主权，最终进入了世界强国的行列。可以说，明治维新是日本走向强盛的转折点，并迅速成长为亚洲乃至世界强国。在甲午战争中击败清帝国，在日俄战争中击败沙皇俄国，崛起为当时的世界强国。日本走上强盛之路后，没有把握好自己的强盛过程，过度的扩张为日本后来的战败和衰落埋下了危机。

日本在当时的国家教育中投入巨大，国家教育经费的支出占日本国家收入很大的比例。日本重视国家的国民教育，使日本通过学习西方先进文化，敢于创新和突破，大力发展教育和国民的教育启蒙运动，在国家上下达成了国家走向强盛的改革共识，并逐渐形成了日本的国民精神，这种精神其实也是一种勇于改革创新的精神。正是这种精神使日本走上了强国之路，即使经过第二次世界大战战败的打击，还是在短时间内得到恢复和发展，并创造了战后日本的经济奇迹。可见通过教育塑造国家强盛的社会意识，对促进国家强盛所起的作用之大，所产生的效果不可估量。

第五节　进步主义的教育与国民精神的塑造

时代是发展的，国家强盛的脚步也必须跟上时代的发展。如何使国家跟上时代的发展呢，这就要求教育的发展要与时代的发展同步。人都是倾向于保守的，所以教育往往也会倾向于保守和固步自封，这是国家通往强盛道路上最大的问题。保守是许多国家走向衰落的原因，不能适应新时代发展的要求，也就意味着落后，进而走向衰落。而国家在走向衰落的道路上，教育的守旧是危机的开端和根本原因。所以进步主义的教育是国家通往强盛道路的保障。

所谓进步主义的教育就是，一个国家的教育要随着时代的变化发展和进步，用不断发展和变化的教育内容，来适应时代的发展对教育的要求。这种不断发展和变化的教育，不能偏离教育对于国民的国家意识和国民精神的塑造，因为国民意识和国家精神才是国家教育的核心内容，但是也要随着时代的发展和变化来随时调整国家意识和国民精神，最终的目的是使国民的国家意识和国民精神不偏离国家强盛的中心思想。

教育的目标在于培养合格的公民。优秀的国家教育从整体上讲，就是要培养公民，优秀的公民培养好了，人才也就有了。优秀的国家公民培养出来了，那么这个国家的国民精神就具备了。

世界上有两个著名的思想家的教育理念都主张教育是培养国家的好公民，他们是纽曼和杜威。约翰·亨利·纽曼是英国的宗教领袖和教育家。他在《大学的理念》中主张教育的目的是培养社会的好公民。他说过，如果一定要赋予大学教育一个切实的目的，我的主张是培养社会的好公民。大学教育的艺术就是社会生活的艺术，其目的就是使人适应这个世界。大学教育一方面不应把着眼点局限于某些特定的职业上，另一方面也不应是造就英雄、培养天才。事实上，天才伟业无法人为造就，英雄的思想亦如天马行空。大学不是诗人、不朽作家和学派创立者的诞生地，也不是殖民地头领或征服者的培训所。大学并不承诺要造就一批亚里士多德、牛顿、拿破仑、华盛顿、拉斐尔、莎士比亚式的巨人，尽管这些大自然的杰作此前曾在大学的院墙中出现。此外，大学也不应满足于培养批评家、实验人员、经济学家和工程师，尽管这些人才的培养也在大学教育的范畴之内。大学教育是一条通向伟大而平凡的目标的伟大而平凡的途径。大学教育旨在提高社会的知识氛围，培养国民的公民意识，为浮躁的公众提供真正的理智和思辨精神，为公众的理想提供确定的目标，扩大时代的思想库并注入冷静的思考，促进政治权力的行使，提高人际交流的质量。大学教育应让人理智地认知自己的观点和判断，并正确地发挥，雄辩地阐述，有力地强调。大学教育应教会人们看清事物的真实面目并直接抓住要害，教会人们解开思想的缠结，发现其中的诡辩之处，舍弃其中的不相关之处。大学教育使人做好准备，可行地胜任任何职位，轻松自如地掌握任何科目。

他还说，大学教育教会人们如何适应他人，如何为他人着想，如何把自己的想法转达给他人，如何影响他人，如何相互理解，相互宽容。与任何群体的人相处，他都融洽自然；与任何人相交，他都有共同之处。他明白何时该说话，何时该沉默；他善于交谈，也善于倾述；当自己没有什么可述说的时候，他能够中肯地提出问题，并适时地接受教诲；他总是跃跃欲试，但从不妨碍他人；他是一个让人感到愉快的伙伴，让人可以依赖的朋友；他懂得何时应当严肃，何时可以嬉闹；他通脱而机智，嬉闹时不失优雅，严肃时不怒自威。他身处尘世而心静如水，足不出户而怡然自得。他具有一种天赋，在他为公众服务时，使他游刃有余；在他退隐之后，赋予他精神上的支撑。若是有了这种天赋，即使历经挫折，饱尝失望，也自有魅力。旨在教诲人们所有这一些的技艺，正是大学教育追求的目标，它与获取财富的技艺、获取健康的技艺同样有用，尽管相比较而言，这种技艺更不易掌握，更不可琢磨，更难以确定，更不易完全具备。

国家教育要培养公民内涵，这是纽曼教育思想的核心，他的思想对教育理念产生了很大的影响。杜威的思想也给当今的国家教育提供了广泛的参照，杜威是美国著名的教育思想家，他的教育思想是教育即生活、学校即社会。杜威作为一位平民主义的教育家，他极力主张教育是培养合格的平民。他努力宣传平民主义教育思想，提出平民主义教育的两个要素：发展个性的智慧和养成协作的习惯。他努力提倡教育要培养富有个性精神和合作精神的平民和公民。

通往强盛道路上的国家更要注重人文精神的培养。一个人哪怕是科学家，仅仅有学术专业水平还不够，还要有社会的良知，还必须具备人文精神和人文素养。人文精神本质上是一种基于人性善的自由、自觉、批判的精神，对善恶、美丑、是非的判断能力，宽容精神，尊重与合作的精神等，甚至包括人与自然的和谐相处，都是人文精神的体现。中国古代的思想家、教育家孟子已经给出了人类历史上最为睿智的教育思想之一，即人性本善的教育理念，是人类社会未来得以发展和生存的教育的根本指导思想。尽管在人类社会关于人性善恶的争论中，很多人认为人性恶是人性的本质，但是张立华先生在《孟子“性善论”的逻辑思辨》中利用严谨的逻辑给出了人性本善的哲学解释。因此，国家要通过教育把注重人文精神的培养提升到塑造国家精神的高度，只有这样的国家精神才能征服人心，只有具备这样的国家精神的国民，才能戮力同心把国家共同推向繁荣与强盛。

第八章　经济：强盛的基础

经济实力是国家强盛的根本，国家强盛必然伴随着经济实力的强盛。经济发展是为国家强盛服务从而惠及人民。国家经济是政治、军事、科技、思想、文化等的基础，没有良好的经济基础国家强盛将难以实现，只有健康的经济发展观念才能为国家通往强盛之路打下良好的经济基础。

一个国家不要片面地追求财富，而偏离经济是为国家强盛和社会服务这一根本理念。一切偏离这一核心思想的经济制度体系和结构，必然会起到负面作用。古今中外这样的例子数不胜数。中国历史上一些王朝的末期，如中国宋代末期等都是经济高速畸形发展，社会因为财富走向偏差而混乱。在西方，15 世纪开始崛起的葡萄牙和西班牙，由于掠夺了大量的金银等财富，结果导致通货膨胀，最终贫富差距加大，丧失了强盛的地位。西方资本主义的经济危机也是一样，富有而不强盛，国家也会最终走向衰落。

国家经济的增长不可能是无限的，在有限的资源下进行可持续的增长是国家通往强盛之路不可逾越的准则。对于关系国家命脉的行业，如果因为国家不支持而退出了，也许就再也进不来了，这方面的教训非常之多，中国的大飞机项目的中止，就是一个沉痛的例子。

对于国家来说，很多基础设施的建设和投入若在一开始没有得到重视，等到后来再去投入和追赶，那么这些基础设施建设成本将呈指数增加，而一个国家要重新进入已经丧失的基础设施领域，需要付出的代价将令人难以承受。我们还是以中国的经济为例，中国的半导体和集成电子技术，在起步阶段与美国和日本差距并不大，可是由于中国没有高度重视半导体和集成电路这一重要行业，以致今天中国在大规模集成电路制造领域已经远远落后于美、日、韩等国家，甚至远远落后于中国台湾地区。韩国和中国台湾地区更是后起之秀，而且由于对半导体技术和大规模集成电路技术的战略性眼光，韩国在这些方面今天已经追上日本，成为有可能超过日本的半导体制造和微电子产品生产的国家，而中国今天只能成为世界的组装工厂。可见对于国家重要领域的建设和发展，前期的战略性决策和投入是多么重要。

在通往强盛的道路上具有竞争能力的大国，它的经济体系就像一个生态系统，是一个密不可分、关联紧密的整体。这样的国家经济系统，它的综合经济实力远远大于它各部分的总和。很多成功的强国在一些经济领域具有重大战略优势，这为充分发挥它们的综合实力打下了坚实的基础。

在今天，经济手段已经成为超越战争的有力武器，经济已经比战争更能掠夺竞争对手的资源，甚至摧毁一个国家。美国前总统塔夫特曾经宣称，“美元将代替士兵而战斗，美元将比炮弹更有杀伤效果。”1989年8月15日的美国《基督教箴言报》写道，“对苏联的伟大美元攻势正成功地发展。3万颗核弹头和用最新科技成果装备的世界上最大的军队却不能掩护自己国家的领土。强大的美元，它已把俄国的工业消灭一半，打垮了苏联共产主义意识形态并瓦解了苏联社会。苏联已不能抵抗，所以专家们预言说，它的覆灭是最近2到3年的事……而我们则应当对那些伟大计划给予应有的评价，塔夫特制订了它，罗斯福润色了它，而且以后的历届美国总统都坚持地执行它。”《基督教箴言报》的预言惊人的准确，两年后，苏联解体了。

美国利用苏联外交的失误，戈尔巴乔夫及当时的领导集体非同寻常的问题，其中还利用那些公开站在亲美立场上的人，获得了美国想要通过原子弹从苏联获取的东西。不同的是，美国获得了巨大的政治利益和经济利益，而不是被核武器毁掉的国家。

曾经的世界超级大国苏联，是一个多么强大的国家，它曾经打赢了拿破仑和希特勒发动的战争，第二次世界大战胜利后还拥有了原子弹、导弹，发射了人造卫星，并把人类第一次送入太空，拥有可以与美国为首的西方阵营一较高低的强大实力，是两极世界的一极，但却在无形的经济战争中失败了。

第一节　农业是国家强盛的食品保证

民以食为天，农业其实就是食品业的基础，一个国家一旦食品出现危机，就意味着国家会出现极大的衰落。任何背离食品和粮食安全的道路，都是国家走向衰落甚至是灭亡的道路。在通往强盛的道路上，要保证国家的粮食安全和食品安全，在此基础上才可以谈国家的强盛。

中国古话讲衣食足而知荣辱，仓廪实而知礼仪，可见一个国家只有解决了衣食问题，才可以谈强盛的问题。对于农业和相关的第一产业而言，粮食与食品安全包括食品产量的安全、食品质量的安全和食品科技的安全。

在食品产量的安全方面最重要的是农牧业的种养数量的安全，就是通过种植和养殖的农产品能够满足国民的需求，另外还有种植和养殖品种的繁育安全。比如一个国家的主要粮食作物的育种能否保证安全，尤其是转基因种子问题。因为转基因种子公司为了保证盈利而使种子不能隔代繁殖，这就使这种作物的控制权落入非自己的国家手中，必将直接危害国家的长远利益，一旦因为制裁或战争等原因，国家无法获得主要作物的种子时，必然处于粮食短缺之中，国家的强盛道路就必然中止。从军事角度讲，如果国家不能控制好主要作物的种子并占据主导地位，那将是十分危险的状态。

对于食品质量的安全来说，面临着两种安全处境，一个是食品污染问题导致的食品安全，一个是新技术带来的食品安全，这方面以转基因技术为例，一旦食品中的转基因物质对人体具有潜在的长远安全问题，等发现时可能已经无法挽回了。如果从国家阴谋论的角度讲，一旦在一个国家的转基因食品中加入种族选择性有害基因，那么一个种族可能在没有觉察的情况下被灭绝掉。当然我们希望不会有这样的事情发生，但是害人之心不可有，防人之心不可无，尤其是在国家崛起的强盛过程中，要想到一切有可能导致国家强盛中止或衰落的因素。但转基因技术是中性的技术，技术本身并无好坏之分，只是如何运用的问题。

早在中国古代的春秋时期，齐国的管仲就已经熟练地运用经济手段中的农业来战胜和吞并其他的国家，我们来看下面的故事。

齐桓公问管仲说："轻重之术是怎样施行的？"管仲回答说："自从伏羲氏治国以来，没有一个不是靠轻重之术成就王业的。神农氏执政，在棋山南部种植五谷，九州百姓才懂得食用粮食，从而使天下归化。……夏代，开凿二十条河流，疏浚十七条淤塞河道，疏三江，凿五湖，引四泾之水，以测度九州高地，防治九条大泽，让人们懂得城郭、里巷、房屋的建筑，从而使天下归化。"

齐桓公说："现在我想攻占鲁梁两国，怎样进行才好？"管仲回答说："鲁、梁两国的百姓，从来以织绨为业。您就带头穿绨的衣服，令左右近臣也穿，百姓也就会跟着穿。您还要下令齐国不准织绨，必须仰给于鲁、梁二国。这样，鲁梁二国就将放弃农业而去织绨了。"桓公说："可以。"就在泰山之南做起绨服。十天做好就穿上了。管仲还对鲁、梁二国的商人说："你们给我贩来绨一千正，我给你们三百斤金；贩来万正，给三千斤。"这样，鲁、梁二国即使不向百姓征税，财用也充足了。鲁、梁二国国君听到这个消息，就要求他们的百姓织绨。十三个月以后，管仲派人到鲁、梁探听。两国城市人口之多使路上尘土飞扬，十步内都互相看不清楚，走路的足不举踵，坐车的车轮相碰，骑马的列队而行。管仲说："可以拿下鲁、梁二国了。"桓公说："该怎么办？"管仲回答说："您应当改穿帛料衣服。带领百姓不再穿绨，还要封闭关卡，与鲁、梁断绝经济往来。"桓公说："可以。"十个月后，管仲又派人探听，看到鲁、梁的百姓都在不断地陷于饥饿，连朝廷"一说即得"的正常赋税都交不起。两国国君命令百姓停止织绨而务农，但粮食却不能仅在三个月内就生产出来。鲁、梁的百姓买粮每石要花上千钱，齐国粮价才每石十钱。两年后，鲁、梁的百姓有十分之六投奔齐国。三年后，鲁、梁的国君也都归顺齐国了。 以上的故事可见食品安全对于国家的重要作用。当今世界粮食安全更加脆弱，如果通过各种手段控制了世界的粮食体系，那世界也就被控制，毕竟是民以食为天！

第二节　工业制造国家强盛

工业制造是国家强盛的命脉，不管是在古代、当代还是未来，一个国家制造业的领先和强大，就意味着这个国家实力的强大，没有制造业的强盛，国家的强大就是水中月镜中花。

当一个国家为了短期的利益片面地追求金钱的利益，运用所谓贸易经济、虚拟经济或金融经济来达到所谓的繁荣，那是不堪一击的虚假繁荣。只有强大的制造业才是国家根本实力的表现，即使一些具有长远战略意义的制造业是无法盈利的，也不能因为短期的经济利益而放弃长远的战略意义。

中国的大飞机行业就是因为短期利益而放弃，于是中国在航空领域本来并不落后的情况下，造成今天落后的结局，《大国命脉》中的一段话一针见血地指出了其中的利害关系，“有些产业放弃了就是自杀，一个产业的薄弱可能会引起附属产业的薄弱，放弃在战略性产品和市场的地位，可能影响相关产品和市场设施的长期生存能力，从而影响一个国家的竞争力。”

回顾历史，中国的大飞机制造在20世纪80年代还与世界相差不大的距离。在上海飞机制造厂，至今还有一架由中国自行设计研制的四发大型喷气式客机——运十飞机。它的性能和技术水平与当时美国已研制成功的波音707差不多。今天“波音”“空客”在中国的天空飞翔时，没有一架大型客机是中国制造的。因为大型飞机项目的中止，使得中国在航空领域损失巨大，几乎整个大型飞机制造体系全部丧失殆尽。由此不仅带来巨大的经济损失，更使得中国在世界航空工业和军事工业的地位受到了极大的影响。今天中国已经意识到在大飞机战略方面的严重问题，但是想要重新追赶上大飞机制造行业的技术水平，会遇到的困难可想而知，这还不包括所牵涉到的知识产权问题。

工业制造对于国家的重要性无论怎么说都不为过，它对于国家强盛具有举足轻重的地位。未来由科技支撑的现代智能制造业更是国家强盛的产业基础，所以国家强盛离不开工业制造的强大。今天，世界正走向智能制造，德国提出工业 4.0。有人说未来的制造是基于机器智能和人脑智能相结合的智能制造体系，是基于大数据的智能制造与个性化专业定制的体系，是基于数字 3D 制造的专用制造体系。总之，未来的制造业是一个高科技智能化的制造体系。

第三节　满足强盛需求的均衡贸易

一个通往强盛之路的国家必须有正确的贸易观——强盛国家的贸易政策是要满足国家强盛和人民需求的均衡贸易，而不是片面地为了换取外汇和金钱来牺牲自己本国的资源和长远发展利益。

进出口贸易要以为国家的强盛为核心服务理念。国家贸易政策最致命的问题是，对外贸易不是为了增强国家力量和为民生服务，而只是单纯为了追求金钱利益，这将为国家衰落埋下巨大的隐患，有可能随时爆发危机，影响国家强盛的发展。

近代，西班牙的崛起源于殖民掠夺与对外贸易，衰落则是大量的白银和黄金的输入导致虚假繁荣，而没有为国家带来真正的国家实力的提升造成的，比如没有在军事技术与制造业等方面投入力量。在历史上西班牙曾经是世界上最强大、最辽阔的帝国，然而由于没有预料到贸易和掠夺来的金钱带来的危害，没有利用当时的优势地位发展自己的工业基础，最终成为一个衰落的国家。下面我们回顾一下西班牙衰落的原因。

西班牙衰落的标志是无敌舰队的覆灭，这只是一个军事上的失败，但是其内在原因却复杂很多，没有处理好通过掠夺与贸易带来的巨大资本是主要原因之一。当西班牙从美洲获取了大量的贵金属，全球大半的贵金属开采量属于西班牙。但是这批金银并没能完成发展资本主义所需的资本原始积累，因为这批金银流入了君主和贵族们的手中，并未流入西班牙的实业领域来提升西班牙的国家综合实力，整个国家的工业制造基础没有因为资本的流入而发生改变，最终未能走向更加强盛的国家发展方向。

西班牙从海外搜刮的资本，没有充分发挥对国家强盛有利的作用，而这些资金的积累对国家的强盛产生了非常严重的有害后果，造成当时宫廷奢华成风，进而西班牙彻底放弃了工商业的发展，工商业日益萧条。贵金属的增加没能给西班牙带来任何真正的益处；相反，这些黄金白银腐化了它的王室，摧毁了它的产业，彻底地动摇了西班牙的根基。

没有强大的实业作为国家的支撑，即使有再多的金钱，即使有高超的军事思想，西班牙也不可能摆脱被历史淘汰的命运。西班牙由于工商业被摧毁而变得徒有大国虚名，一旦遭遇战争，必将会失败衰落，无敌舰队的失败不过是加速了西班牙的衰落而已。因此，决定西班牙命运的，不光是军事上的落后，更是国家发展战略的失败。由于大量的过剩资本涌入而不能正确对待，才是西班牙衰落的根源。

对于今天的贸易来说，重商主义者没有想到的是，消耗巨大的本国资源和劳动力换取的外汇储备是一堆随时可以贬值的货币，甚至是随时可以消失的电子数字。这是因为没有认清什么是真正的财富，什么样的财富才是国家强盛的基石。

第四节　认清金融的本质

未来强盛的国家必须建立一个适应新的社会经济及金融体系的创新型系统，并管理好这个金融系统。国家只有驯服金融这匹烈马，并使之成为强盛道路上的一匹千里骏马，那么金融领域就会为这个国家走向强盛之路助力添彩。而金融一旦成为脱缰的野马，那么这个国家也会因此而衰落。因此在通往国家强盛的道路上一定要驯服好金融这匹烈马，防止金融成为掠夺国家和国民的工具，而失去本有的保障的作用。

世界上每一次大的金融危机，必然带来相关国家强盛状态的剧烈波动，可见金融问题与国家强盛之间的密切关系。而在当今世界，除了战争给世界造成巨大伤害之外，金融危机所带来的危害不亚于一场战争所带来的危害。一个针对世界金融市场的恶意金融操作，甚至一个不妥当的世界性的协议都可能引发一场经济灾难。最典型的例子如美国 20 世纪 30 年代大萧条、20 世纪 70 年代石油危机、20 世纪 80 年代日本的经济灾难、1997 年的世界金融危机、网络股灾、2007 年的金融危机等，无疑这些危机的背后都有金融的幕后黑手在操纵。

其中，影响深远的是导致日本经济大萧条的“广场协议”。 20 世纪 80 年代初期，美国财政出现困境，当时美国的对外贸易逆差大幅增长。美国希望通过美元贬值来增加产品的出口竞争力，以改善美国国际收支不平衡的现状。日本当时是世界上最大的贸易国之一，由于日本对外贸易的飞速发展，使得当时的日本拥有大量的美元资产。美元贬值必然打击日本的对外贸易，并使日本拥有的美元资产贬值。

美国经济从 20 世纪 70 年代末期出现了两种变化，一是对外贸易赤字逐年扩大，已经对美国总体经济造成影响；其次是美国政府财政预算赤字大幅度攀升。美国在对外贸易和政府预算双重赤字的压力下，当时的政府政策选择只有提高基本利率，进而引进国际资本来促进美国国内经济发展 . 外来资本中主要是日本投资大量涌入美国本土，促使美元不断升值，加剧了美国产品的对外贸易竞争力劣势，贸易的衰退又进一步加大了贸易赤字，进一步降低美国政府的财政收入。为了应对这些财政问题，美国动用一切手段向当时的世界主要国家施压，期望通过新的协议来缓解美国国内经济问题。

美国卡特政府的财政部长布鲁梅萨就在 1977 年，以日本和前联邦德国的贸易顺差为理由，对外汇市场进行口头干预，希望通过美元贬值来刺激美国的产品出口，减少贸易逆差。美国政府的干预政策导致了投资者抛售美元，美元对世界主要工业国家的货币开始大幅度贬值。美元兑日元的汇率从 1977 年初的 1 美元兑 290 日元，贬值到 1978 年秋季最低 1 美元兑

170 日元，为了支持美元，在 1978 年秋季，前总统卡特发起了一个“拯救美元一揽子计划”。

世界第二次石油危机爆发导致美国能源价格大幅上升，美国出现了严重的通货膨胀。为治理严重的通货膨胀，保罗・沃尔克连续三次提高官方利率，实施紧缩的货币政策。这一政策的结果是美国吸引了大量的海外资金流入，美元汇率大幅攀升，美元汇率上涨了近 60%，美元对主要工业国家的汇率导致贸易逆差快速扩大。到 1984 年，美国的经常项目赤字达到 1000 亿美元。到 1985 年，日本超过美国成为世界上最大的债权国，日本制造的产品充斥全球。超量的日本资金没有更好的投资渠道，于是大量流入美国购买美国资产，美国许多制造业大企业、国会议员纷纷游说美国政府，强烈要求当时的里根政府干预外汇市场，让美元贬值，以挽救美国制造业。

面对棘手的经济问题，美国、日本、联邦德国、法国以及英国的财政部长和中央银行行长，于 1985 年 9 月 22 日，在纽约广场饭店举行会议，会议达成五国政府联合干预外汇市场的共识，促使美元对主要货币的汇率有秩序地贬值，以解决美国巨额贸易赤字问题。由于该协议是在广场饭店签署，所以协议又被称为“广场协议”。

“广场协议”签订后，五国开始联合干预外汇市场，在国际外汇市场大量抛售美元，导致市场投资者的抛售美元，美元持续大幅度贬值。在不到三年的时间里，美元对日元升值了一倍。“广场协议”签订后的 10 年里，日元持续升值为国际资本投资日本的股市和房市提供了稳赚不赔的途径。日本的股价和地价大幅度增长，日本的经济泡沫越来越大 . 当 1989 年，日本政府开始施行紧缩的货币政策，戳破了日本的泡沫经济，地价股价迅速贬值，日本银行形成大量坏账，从此日本经济进入长达近三十年的衰退期。

“广场协议”对日本经济产生了难以估量的影响。广场协议之后，日元大幅度地升值，对日本以出口为主导的产业产生了相当大的影响。直到今天日本经济仍然没有得到恢复，日本也因此丧失了又一次强盛的历史机会。

有些学者认为日本陷入长期的经济衰退是因为 “广场协议”，但也有专家认为，日元大幅升值为日本企业走向世界、在海外进行大规模扩张提供了良机，也促进了日本产业结构调整，最终有利于日本经济的健康发展。虽然不能把日本泡沫经济的形成全部归罪于日元升值。但是日本经济从高速增长到长期停滞，给我们很多启示，尤其是日本的发展经历为那些致力于通往强盛道路的国家提供了一个不可多得的参考案例。作为世界上主要的贸易大国，比如中国，今天的外汇储备已跃居世界第一，人民币面临巨大的升值压力，而中国的房地产泡沫也似乎到了十分危险的地步，这一局面与 20 世纪 80 年代中期的日本极为相似，如果处理不好，类似日本的教训就可能发生。

中国今天所面临的问题，比当年日本情况要乐观很多，因为中国本身就是一个潜力巨大的市场，可以缓冲面临的经济危机 . 虽然中国现在面临着泡沫问题，只要运用强大的调控力量，使中国的泡沫不至于破裂，那么中国的泡沫就是强度很高的刚性泡沫，而这种刚性泡沫虽然能够造成中国经济短暂的骨质疏松，但还不会威胁长远的经济发展，如果方法正确措施得力，那就会坐实与填满这些泡沫的空间，继而稳定经济。

“每一次重大的历史现象背后都隐藏着金融秘密”[①]。关于资本市场，当 2007 年次贷危机过后，占领华尔街运动中，我们可以看到资本的力量，这隐约可见的未来资本发动的危机将如何残酷地剥削和掠夺人民的财富！资本控制下的机器替代人类所产生的金钱价值越来越多，智能机器人和计算机制造技术的发展，使得无人工厂变为现实，由此产生的巨额资本在世界上如果不受约束地流动，对金融管理是十分棘手的问题，如果管理不善，金融资产将像蝗虫一样掠夺光世界各国人民手中的财富。

这些难以监管的巨大金融资本所产生的破坏力，将导致社会问题和社会动荡，进而成为影响国家强盛的问题之一。金融问题是国家强盛无法回避的重大问题，强盛与衰落就在于金融资本及其相关领域是否管理得当，运用得当。

---

① 尼尔・弗格森：《货币崛起》，中信出版社，2009 年。

随着技术革命带来的人类社会的巨大变革，金融资本将支配未来社会各个重要领域，如果不加以科学的制度管理，将给人类社会带来巨大的不平等。

然而，今天的技术发展，尤其是以现代信息电子技术为基础的互联网技术和智能网络体系，对于大数据的处理和监管可以在全球海量金融大数据中进行现代化的管控，如果再加上全球范围的国际间金融管控合作，扰乱世界金融秩序的金融活动可以得到有效监管和制约。在全球合作下，由金融和资本所带来的世界经济动荡和掠夺可以得到有效制约，而由此带来的不合理的贫富差距和不平等将会得到有效的抑制，这样未来的世界才会是一个人类美好的社会，而不会因金融掠夺成为悲惨的人间地狱。

中国古人在两千多年前就已经深谙金融背后的力量，我们还是看一个中国古代的金融与贸易战的故事。齐桓公问管仲说："莱、莒两国砍柴与农业同时并举，该怎样对付他们？"管仲回答说："莱、莒两国的山上盛产柴薪，您可率新征士兵炼庄山之铜铸币，提高莱国的柴薪价格。"莱国国君得知此事后，对左右近臣说；"钱币，是谁都重视的。柴薪既是莱国的特产，用莱国特产换尽齐国的钱币，就可以吞并齐国。"莱国随即弃农业而专事打柴。管仲则命令隰朋撤回士兵种地。过了两年，桓公停止购柴。莱、莒的粮价高达每石三百七十钱，齐国才每石十钱，莱、莒两国的百姓十分之七投降齐国。二十八个月后，莱、莒两国的国君也都请降了。

桓公问管仲说："楚国是强国，其人民习于战斗之道。出兵攻伐它，恐怕实力不能取胜。兵败于楚国，又不能为周天子立功，为之奈何？"管仲回答说："不用战斗的方法来对付它。"桓公说："这怎么讲？"管仲回答说："您可用高价收购楚国的生鹿。"桓公便营建了百里鹿苑，派人到楚国购买生鹿。楚国的鹿价是一头八万钱。管仲首先让桓公通过民间买卖贮藏了国内粮食十分之六，其次派左司马伯公率民夫到庄山铸币，然后派中大夫王邑带上二千万钱到楚国收购生鹿。楚王得知后，向丞相说："钱币是谁都重视的，国家靠它维持，明主靠它赏赐功臣。禽兽，不过是一群害物，是明君所不肯要的。现在齐国用贵宝高价收买我们的害兽，真是楚国的福分，上天简直是把齐国送给楚国了。请您通告百姓尽快猎取生鹿，换取齐国的全部财宝。”楚国百姓便都放弃农业而从事猎鹿。管仲还对楚国商人说：“您给我贩来生鹿二十头，就给您黄金百斤；加十倍，则给您黄金千斤。”这样楚国即使不向百姓征税，财用也充足了。楚国的男人为猎鹿而住在野外，妇女为猎鹿而住在路上。结果是隰朋让齐国百姓藏粮增加五倍，楚国则卖出生鹿存钱增加五倍。管仲说：“这回可以取下楚国了。”桓公说：“怎么办？”管仲回答说：“楚存钱增加五倍，楚王将以自得的心情经营农业，因为钱增五倍，总算表示他的胜利。”桓公说：“不错。”于是派人封闭关卡，不再与楚国通使。楚王果然以自鸣得意的心情开始经营农业，但粮食不是三个月内就能生产出来的，楚国粮食高达每石四百钱。齐国便派人运粮到芊地的南部出卖，楚人投降齐国的有十分之四。经过三年时间，楚国就降服了。

第五节　引领新经济时代

时代在发展，历史在变化，在通往强盛的道路上永远是创新的新型经济引领国家快速发展，开创一个时代里国家的强盛道路。我们看西方，大航海时代为西班牙、葡萄牙和荷兰开创了领先世界的强盛之路，紧随其后的工业革命大潮为英国成为日不落帝国打下了强盛的经济基础，电器化和先进制造业为美国成为世界的霸主奠定了雄厚的经济基础。当今的信息化和互联网时代又为新的时代注入了新的强大经济力量，所以说在通往强盛的道路上，国家一定要站在新经济的潮头，并牢牢地掌握它的发展趋势。一个国家的强大离不开强大的经济实力，而经济实力的获得就是要把握新经济的潮头，并随着新经济的大潮涌向一个一个经济发展的高峰。

历史的经验也告诉我们，只有借助新经济的大潮，才能托起一个强盛的国家，一旦这个国家偏离或落后于新经济大潮，则会被新经济的大潮所抛弃，葡萄牙、西班牙、荷兰、英国的衰落就是最好的例证。它们都曾经抓住它们那个时代的经济大潮，但是没有抓住随后涌来的新经济大潮，最终被时代的新经济大潮所抛弃。美国则是一个成功的例证，它成功地抓住了至少三个时代的新经济大潮，一个是工业革命大潮它抓住了尾声，随后它抓住电气化时代和先进制造业的大潮成为世界的霸主；到了20世纪末美国抓住了信息技术和互联网时代的新经济大潮，成功地继续领先于世界，成为当今世界无可争议的全球第一强国。

今天以电子商务和智能制造为核心的新经济体系正在发展壮大，中国政府提倡的互联网＋时代的到来，对世界经济的影响意义深远。中国之所以能在短短三十多年的时间里，一路发展成为世界第二大经济实体，就是中国赶上并抓住了新的经济发展的大潮，并成为勇立潮头的弄潮儿，这与中国对时代发展的把握密不可分。

时代的发展风云诡谲，谁也不能永远站在新经济的潮头而不倒，只有不断创新，抛弃保守观念，不要遏制新生事物，以积极的心态来应对新的时代变化，并顺应新的时代变化所带来的新的经济形式。只有以开放的心态和意识，积极顺应时代变化的国家才能成功走向强盛。

第九章　军事：强盛的维护

一个没有军事能力的国家如同没有尖牙和利爪的老虎，是一只待宰的羔羊任人宰割。强盛是一个国家军事强大的代名词，强盛的国家必须要有强大的军事实力来维护。通往强盛之路是不平坦的，没有一个强盛的国家是通过和平而崛起的，国家的强盛就是打破和改变世界的旧有格局，格局的改变没有强大的军事实力来保障和维护是不可能实现的。

军事之于强盛，是通过军事历练而逐步成为强大国家的基础。古罗马、强秦、大汉、盛唐，近现代的德国、美国、英国等都是如此。假如没有朝鲜战争，中国就不会有当今几十年的和平。但是通往强盛之路的军事，需要理智而有节制，好战与穷兵黩武只能导致强盛的幻影。这方面的教训第二次世界大战的德国与日本是最好的例子。

一个国家要有与其战略和利益相符合的军事能力，过度地构建军事能力，国家将被拖垮，苏联就是最典型的例子。一个国家的军事能力要在实践中检验与提升，没有经过实战锻炼的军事能力是不可靠的，谨慎的、可控的、目标明确的战争，是最好的检验和提高军事能力的方式，这一点当今美国做得最多。 一个国家貌似强盛，经济发达，但是如果军人没有实战经验，在真正战争时将溃不成军。

经济强盛并不能必然带来军事能力的提升。历史经验告诉我们，一个国家往往在经济高度发达的时期，国家军事能力未必是最强大的，有时反而走向衰弱，也为国家的衰落埋下伏笔，比如中国宋代末期，这时作为国家领导人必须要清醒地意识到问题的严重性。

一个强盛的国家，其军事力量必然强大，国家强盛也必须依靠强大的军事力量来保证和维护。

第一节　军事能力就是控制力

一个国家的军事能力，就是这个国家对于国家利益攸关的各个领域的实际控制能力，它决定着国家的盛与衰。一个强盛的国家，在非战时的军事实力，就是这个国家在军事上要拥有的控制力量：制海权、制空权、制太空权、技术控制权、经济控制权、能源控制权、粮食控制权、人才控制权、舆论控制权、信息控制权、情报控制权等。

今天世界上最强大的美国军队，对于各种军事控制的能力十分关注，尤其是空中和网络。从斯诺登事件，可以看到美国对于网络和情报的控制能力。美国不仅拥有能够摧毁卫星的技术，而且具有强大的制太空权、网络控制权，甚至金融等非军事领域的控制权。今天衡量一个国家军队的实力，就是衡量其在相关领域的控制能力的大小。

从克劳塞维茨的《论战争》到马汉的《海权论》等军事理论强调的都是控制能力。美国在各个领域的军事介入能力，无不强调控制力！通过今天美国遍布世界的军事基地，就能看出美国单纯在军事上的控制能力，更何况美国在经济、金融、网络、传媒、情报、能源、高科技等各个领域的控制力！下面通过对美国军事基地的分布进行简单的概述，来看美国对全球的军事控制能力。

自第二次世界大战胜利以后，美国达到了新的强盛状态。美国为了保持它的全球大国地位，建立了以本土军事基地为基础的全球军事“基地网”。美国的大小军事基地和军事设施曾多达5000多个，近半数在美国本土以外，美国的军事基地牢固地控制着世界的制海权、制空权、制太空权、信息监听监控权等。从布局看，美国海外的军事基地大致划分为欧洲、亚太与印度洋、中东与北非以及美洲四大战略区。

美国以北大西洋公约组织为基础，在欧洲拥有 190 多个军事基地。欧洲战略区由中欧基地群、南欧基地群和西欧基地群组成。其中最主要的是设在德国斯图加特的陆军基地，美驻欧空军司令部及北约中欧盟军司令部驻地和设在意大利那不勒斯的海军基地，美第六舰队司令部联络官和北约南欧司令部驻地。

美国在亚太与印度洋地区拥有 80 多个军事基地，数量仅次于欧洲，其中主要驻扎在日本和韩国，最近又重返菲律宾。美国设在日本冲绳岛的基地是美军“太平洋基地的枢纽”，有 41 处基地。

美国在中东和北非地区的军事基地主要分布于伊拉克、土耳其、科威特、巴林、阿曼、卡塔尔、埃及、阿富汗等国。

美国在拉美地区建有 16 个军事基地，主要集中在古巴和波多黎各，位于古巴的关塔那摩军事基地是美军大西洋舰队的主要训练基地。

这些遍布世界的美国军事基地以本土基地为依托，以海外基地为网络布局，点线结合，多层次配置，控制着世界主要的战略要点。

美国在欧洲的基地重点分布在中欧、南欧和西欧三个地区，是美军在海外拥有军事基地和设施最多的地区。中欧基地群由设在德国、比利时和荷兰的基地和设施组成，这些基地扼守着欧洲的心脏地带，是维护在北约可能发生的地区性冲突并作出反应的重要前沿基地。 基地大部分集中在德国西部，其中较大的陆军基地有：斯图加特欧洲美军总部驻地、海德尔贝格。美驻欧陆军司令部、第 7 集团军司令部和第 5 军军部驻地、维尔茨堡，美陆军第 1 机械化步兵师驻地、巴特克罗伊茨纳赫，美陆军第 1 装甲师驻地。较大的空军基地有拉姆施泰因，美驻欧空军司令部驻地、施潘达勒姆、森巴赫、莱因 – 美因等。在荷兰的空军基地为苏斯特堡，在比利时的空军基地为希埃夫雷斯。

南欧基地群由设在意大利和希腊的基地和设施组成，可控制黑海出口和东地中海地区，是欧洲南翼的屏障。其中海军基地主要有意大利的加埃塔美第 6 舰队司令部驻地、那不勒斯美驻欧海军司令部驻地、马达莱纳核潜艇支援基地和锡戈内拉反潜作战及后勤支援基地，希腊的苏达湾。空军基地主要有意大利的阿维亚诺美空军第 16 航空队司令部驻地，希腊的伊腊克林等。陆军基地主要有意大利的维琴察美陆军南欧特遣部队司令部驻地和里窝那后勤供应港。

西欧基地群由设在英国、冰岛、西班牙、葡萄牙和亚速尔群岛上的基地和设施组成，扼守着大西洋通往北海和地中海的一些重要航道和海峡，既可对中欧、地中海和中东可能发生的地区性冲突提供应急支援，又是美本土向欧洲、中东和非洲增援的中间基地。美国在这一地区的主要空军基地有英国的米尔登霍尔美空军第 3 航空队司令部驻地、拉肯希斯、阿尔康伯里等，西班牙的莫隆。主要的海军基地有西班牙的罗塔美海军第 6 舰队的主要基地。冰岛的凯夫拉维克和葡属亚速尔群岛上的拉日什是由美空、海军合用的基地。

中东、北非是世界上主要的石油能源生产区域，也是世界各种势力争夺的地方，控制了能源就控制了世界，这里是美国能源控制的战略要地。美国在中东与北非地区的基地群，由设在土耳其、沙特阿拉伯、巴林、阿曼、埃及和肯尼亚的基地和设施组成，地跨欧、亚、非三洲，控制着黑海、东地中海、红海和波斯湾的通道，既可支援东地中海和印度洋的海上作战，又可支援中东和非洲的陆上作战，战略地位十分重要。其中，主要的空军基地有土耳其的因契尔利克、安卡拉和伊兹米尔，沙特阿拉伯的宰赫兰。海军基地有沙特阿拉伯的朱拜勒。此外，在埃及的巴纳斯角和肯尼亚的蒙巴萨，美军既有港口，又有机场，在阿曼的马西腊岛只设有机场。这些机场可供美海军、空军使用。巴林的麦纳麦是美中央总部海军司令部和美第 5 舰队司令部驻地。

亚洲、太平洋、印度洋地区属美太平洋总部辖区，是美军海外总部辖区范围最大的地区。该地区的基地“点线结合”，大体上呈“三线配置”：一线由配置在日本、韩国直至印度洋的迪戈加西亚岛上的基地组成，这些岛基地形成岛链，控制着战略地位十分重要的航道、海峡和海域。二线是由以关岛为中心的诸岛屿及澳大利亚和新西兰的基地组成，是一线基地的依托，又是重要的海、空运的中间基地。三线由设在以夏威夷为中心的诸群岛至中途岛以及阿拉斯加、阿留申群岛的基地组成，是太平洋战区的指挥中枢和本土西海岸支援前沿基地的中继基地。

其中，东北亚的基地群设在日本，由冲绳岛和韩国的基地和设施组成，它们控制着宗谷、津轻、对马三个重要海峡，是第一岛链的关键，既可掌控朝鲜半岛上的军事活动，又可支援西北太平洋的海上作战。

美海军在日本的主要基地有横须贺——美海军在西太平洋地区最大的基地，美第 7 舰队司令部驻地、厚木、佐世保等。美海军陆战队的主要基地有本州西部的岩国，冲绳岛的普天间、科特尼美陆战 3 师师部驻地和巴特勒美第 3 陆战远征部队司令部驻地。美空军的主要基地有日本的横田驻日美军司令部和美空军第 5 航空队司令部驻地、嘉手纳和三泽，韩国的乌山美空军第 7 航空队司令部驻地。美陆军的主要基地有韩国的汉城美第 8 集团军司令部驻地、议政府美陆军第 2 步兵师驻地，日本的座间兵营驻日美陆军第 9 战区陆军区域司令部驻地。

印度洋的基地由设在迪戈加西亚岛上的海军港口、海军航空站、海军通信站及其他后勤设施组成。它位于印度洋中部，扼守海空航道要冲，既可支援中东和波斯湾地区的作战，又可对印度洋广大海域进行监视与控制。它为在印度洋上的美战略核潜艇和其他舰机进行导航。关岛的基地是太平洋美军第二线基地的北翼。关岛的安德森空军基地是美空军第 13 航空队司令部驻地；关岛的阿加尼亚海军航空站是美海军在西太平洋的一个主要后勤和临时保养站，又是主要侦察基地；夸贾林是美军洲际导弹及反弹道导弹的试验靶场、战略空运中途站。

澳洲和新西兰地区的基地主要由设在澳、新基地和美澳联合使用的军事设施组成。目前，美在澳、新只设有海军通信站和一些小型电子、宇航追踪站和导航站等，主要用于监视和侦察俄罗斯和中国的核试验及空间活动。

夏威夷群岛的基地则由夏威夷群岛和中途岛上的军事基地和设施组成。此基地群是联结美国本土和西太平洋各基地群的纽带，是美军太平洋战区的指挥中枢和战区战略预备队的配置地域，是太平洋中航线和南航线的海空运总枢纽。著名的海军基地珍珠港是太平洋舰队司令部驻地，是太平洋地区最重要的海军基地。美在中途岛、约翰斯顿岛上也设有港口和机场，作为辅助基地。

阿拉斯加的基地由美国设在阿拉斯加和阿留申群岛上的基地和设施组成，它隔白令海峡与俄罗斯相望，是进行战略侦察、预警和本土防空的前哨，部署有远程警戒雷达和弹道导弹预警雷达。较大的空军基地有埃尔门多夫美空军第 11 航空队司令部驻地和艾尔森战略侦察基地。陆军基地有：理查森堡、温赖特堡和格里利堡。阿留申群岛上的埃达克海军基地是美太平洋舰队在北太平洋的侦察运输补给基地。

北美洲和拉丁美洲地区的基地以美国本土为核心，遍布这一地区，其中美国本土不含阿拉斯加和夏威夷的基地既是支援海外各战区作战的战略后方，又是配置战略核突击部队和战略预备队的进攻出发地域。各军种的本土基地在布局上各有特点：陆军基地分布相对集中，东重西轻，南密北疏，且规模一般较大。空军基地布局比较分散、均匀，点多面广，几乎遍及各州。海军基地自然分布于东、西海岸，倚靠港口城市，且多呈群体配置。不同性质的基地据其任务在配置上相对集中：战略轰炸机基地多数沿北部边界部署，少数则在中南部地区，利于执行作战任务。洲际导弹基地集中在人烟稀少的中西北部地区，且每个基地又相对集中了大量的导弹地下井和发射控制中心，便于作战、指挥和管理。战术空军基地绝大多数配置在大城市和重要工业区附近，以便于执行防空任务。战略预警设施则部署在边境地区，以充分利用其有效探测距离。

格陵兰和加拿大地区的基地和设施多为空军的支援基地和远程预警雷达站，与阿拉斯加州的预警雷达站一起，构成前方预警系统，时刻监视着美国北方的天空。美在格陵兰岛上的图勒空军基地是空军航天司令部的洲际弹道导弹预警站。在加拿大的海军基地是阿真舍。百慕大海军航空站是美国支援欧洲的空运中继站，也是大西洋舰队反潜作战的前哨基地。

美国在拉丁美洲的基地和设施主要集中在巴拿马、古巴和波多黎各三个地区。它们扼守着大西洋通往太平洋的要冲——巴拿马运河，控制着整个加勒比海地区，成为美本土防御的南部屏障。

所述资料可能会随着时间改变，在这里仅供参考。美国在世界军事基地的分布，能够体现出强盛国家在军事控制方面的战略，而军事控制的意义就是对国家强盛状态的保护和维持，也是国家强盛的体现。上面只是以美国军事基地的分布来阐明控制的重要性，其实在今天，无论是在互联网还是金融领域，乃至文化等方面，美国都具有极强的控制力，这是一个国家在非军事之外的控制能力，更是一个国家强大的体现。

第二节　国家政权对军事力量的控制能力

在通往强盛的道路上，国家政权对于军事力量的掌控能力，是这个国家能否强盛的决定因素。

事实证明，一个国家政权如果不能牢固地掌握和行使国家军事力量，这个国家政权一定是衰弱的，也不会走向强盛。因为国家通往强盛的道路是通过各种变革来逐渐实现的，而在变革的过程中充满了不确定性，也必然使一些固有的利益集团受到打击，这时国家政权对于军事力量的控制便十分重要。如果国家军事力量被利益集团控制或侵蚀，则会把变革扼杀在摇篮中；而军事力量如果牢固地掌握在国家政权手中，则变革出现的社会矛盾和动荡会很快通过国家力量得以控制。这样才能保障国家通向强盛的道路。即使是美国这样一个民主自由的国家，军事制度中也是把军队的领导权设定给国家政权的最高领导——美国总统。这样的军事制度明确的体现出国家政权对军事力量控制的重要性。我们从下面的美国军队领导体制看美国国家政权对军事力量控制的制度规定。

美国宪法规定，总统是武装部队的总司令，全军最高统帅。总统通过国防部领导和指挥全军，紧急情况下可越级指挥。战略核力量不论何时都由总统指挥控制。

美国国防部参谋长联席会议是美国最高的军事决策机构，直属总统领导，向其提供国家安全有关的内政、外交和军事政策的综合建议。人员组成：总统、副总统、总统国家安全事务助理、国务卿、国防部长、参谋长联席会议主席、中央情报局局长和财政部长。

美国国家安全委员会是美国最高的防务决策咨询机构。其法定成员包括总统、副总统、国务卿和国防部长。参谋长联席会议主席是其法定军事顾问，中央情报局局长是其法定情报顾问。该委员会日常工作由总统国家安全事务助理负责。总统国家安全事务助理由总统直接任命。

国防部是总统领导与指挥美国武装力量的最高军事机关，负责防务政策、计划的制定和实施，以及全盘国防事务管理，并通过参谋长联席会议对全军实施作战指挥。它由国防部本部系统、军事部系统和作战指挥系统三部分组成。

国防部本部系统主要负责政策、财政、军务等全军性事务，以及各军事部间的协调。下设政策、采购与技术、人事与战备、审计与财务、指挥通信控制与情报、立法、后勤事务、情报监督、行政管理、公共事务、监察、作战试验与评估等部门，分别由副国防部长、助理国防部长、主任、局长或部门长等主管。

军事部系统包括陆军部、空军部和海军部 3 个军事部。各军事部负责本军种的行政管理、教育训练、武器装备研制和采购及后勤保障等事务，并有责任在战时向各联合作战司令部提供作战部队及相应的勤务和后勤支援，但无作战指挥权。军事部长为文官，在其下设军种参谋长。军种参谋长是本军种最高军事长官。

美国在作战指挥系统方面，参谋长联席会议指作战指挥系统及隶属于它的各联合司令部、特种司令部。参谋长联席会议既是总统、国防部长、国家安全委员会的军事咨询机构，也是总统和国防部长向联合司令部和特种司令部发布作战命令的军事指挥机关。从某种意义上讲，国防部是总统的军政部门，而参谋长联席会议是总统的军令部门。

参谋长联席会议主席是美军最高军事长官，是总统和国防部长的首席军事顾问。参谋长联席会议下设联合参谋部和国家军事指挥中心，负责处理日常事务和作战指挥事务。美军设九大联合司令部，它们是直属国防部的美军高级作战指挥机构。美三军部队除执行特别勤务者外，均编人某一联合司令部。一旦发生重大紧急情况，各联合司令部即可对编入本司令部的部队实施作战指挥。

目前九大联合司令部含五个地区司令部，即欧洲总部、太平洋总部、大西洋总部，已于 1999 年 10 月改组为联合部队司令部、南方总部和中央总部；四个职能司令部，即航天司令部、特种作战司令部、运输司令部和战略司令部。必要时，也可根据总统指示将其他联合司令部的部队临时划归处于紧急情况的联合司令部指挥。

美国军队领导体制和中国军队领导体制有很多相似之处，比如，两个国家都是国家最高领导人作为最高军事领导者，同时都具有最高军事领导权；两个国家最高军事决策机构都具有全面军事决策的最高级别；两个国家最高军事领导机构都具有军事权力的高度集中和统一状态。由此可见一个强盛国家的国家政权一定对军事权具有绝对的控制能力。

第三节　综合国力决定军事实力

国家的军事实力建立在国家的经济、科技、人才、制造等的基础之上，一个国家的军事实力其实就是这个国家综合国力的体现。然而，没有优秀的领导，强大的组织结构和制度优势，也难以发挥国家的军事力量。

军事能力与军事科技的相互促进十分重要，在世界军事历史上显示出极其关键的作用，每一场军事斗争中，军事技术的发展和应用都成为决定军事斗争胜负的核心。每一次军事技术革命，都将改变国家和世界的格局。从冷兵器、热兵器、核武器，到当今的信息技术、基因技术、生物技术、人工智能技术等，当运用于军事时，技术的力量日益明显。军事技术的领先是未来国家强盛必备的条件。

战争其实也是国家经济实力的斗争，决定一个国家军事斗争能否胜利，综合国力是关键因素，美国在第二次世界大战中能够稳操胜券就是这个原因。一支强大的军队离不开国家强大的经济后盾，第二次世界大战中美国是综合经济实力最强的国家。由于美国一直奉行孤立主义政策，使得美国在第一次世界大战后没有受到战争的影响，还受益于第一次世界大战后的高速发展成为主要强国。当时德国为这次战争，准备了至少 5 年，十月革命后的苏联转入战时经济状态也用了 1 年多的时间。而在珍珠港事件后，罗斯福发表演讲之后几个月内美国就做好了战争准备，并迅速投入到第二次世界大战中。

当时美国由于本土没有战争，所以拥有强大的工业体系，尤其是在冶金和石化等工业领域，美国远远强于当时的任何国家。举一个简单的例子，装甲部队的两大核心技术，动力系统和武器系统。早在 1940 年代美国就开始在发动机领域引入钛合金以及陶瓷技术。发动机的稳定性和体积、质量、功耗比都优于当时的德制发动机，而且到了第二次世界大战后期差距继续拉大。虽然德国工业中也有西门子、梅塞德斯、宝马、保时捷、大众这类的优秀企业，但是在当时他们和通用、福特、标准、美孚等行业巨头相比还是有差距。美国研制的各种火炮装甲车等在战场上表现优异，这和所采用的特种合金密不可分，美国在当时领先的冶金工业起到重要作用。

石油是战争的重要能源，美国的石油供应充足，石油产品质量高，为打赢现代化战争做出突出贡献。战争武器重要的组成部分是高爆炸药，杜邦公司的炸药世界知名。这都体现出美国当时雄厚的石化科技水平与石化工业的实力。世界领先的科研能力，使美国成为世界第一个核大国，结束第二次世界大战，促使日本无条件投降的核武器就是美国第一个研制出来的，当然也希望是世界上最后一次使用核武器！

战争打的是后勤，在部队后勤补给中食物很关键。当时的各国部队中以美国军队的食品最为丰富。从速溶咖啡、巧克力、可口可乐，到口香糖和野战饭盒，都是战中美国官兵随时可以享用的产品。士兵的早餐食品以鸡蛋粉为主，一般是搅拌即可食用。还有用面粉和鸡蛋粉制作的薄饼，难以变质的军用黄油，由厨师当场烤制的新鲜面包，燕麦粥。花样翻新的各式罐头中罐头午餐肉成了盟军食品中的主要蛋白质来源。在供给的野战饭盒中，不仅有涂好黄油的面包片、午餐肉、沙拉佐料，甚至还有香烟和火柴，饭后还可抽上几口。由于强大的经济实力和科技实力，当时美国的战时物资供应充足，美军官兵每人都配备几套卡其布军服和呢料军服，另外还有工作服、夹克、大衣、鸭绒睡袋、皮靴、雨衣等。

依托雄厚的经济科技实力，美国打赢了第二次世界大战，也成为世界大战的最大受益者。所以，一个国家的综合实力是最终决定国家军事实力的根本。

第四节　通往强盛之路的军事发展战略

作为走向强盛之路的国家，它的军事战略目标应该是十分明确的，即维护国家现在和未来所获得的发展成果，在国家通往强盛的道路上保驾护航。

克劳塞维茨在其著作中辩证地分析了军队在国家中所处的位置类似黄油与大炮之间的关系，这些理论对于通往强盛道路上的国家来说十分关键。国家在发展战略中一定要平衡好军事建设在国家发展建设中所占据的比重，审时度势制定和调整国家发展战略和军事发展战略。

在国家通往强盛的道路上，抓住国家发展的战略机遇期是使国家实现飞跃式发展的难得机会。这方面 1978 年后的中国做得很好，做法值得借鉴。然而历史的机遇是稍纵即逝的，今天中国想再获得那样的战略机遇期，已经很难做到了。今天中国通过发展，已经将黄油和大炮的比重进行了新的调整，用发展所获得的各种实力来加强军事方面的建设，这将使中国更加强盛。

回顾中国 1978 年改革开放以后的军事发展战略，其中有很多经验和教训可以给有志于走向强盛的国家一些启示和借鉴。

中国在艰难地做出融入世界的改革开放政策后，抓住难得的世界发展的时代机遇，以邓小平为首的改革派，转向大力发展经济的方向。这时中国军事发展的策略是韬光养晦的政策，中国进行了百万大裁军等一系列缩减军事的举措，为中国的发展制定了全新的军事发展战略，为中国经济的腾飞赢得了历史机遇。同时，这也为今天中国所面临的周边和世界的问题埋下了隐患，亦是中国军事发展战略重新定位的原因，可以说改革开放至今中国的军事发展战略有得也有失，下面让我们回顾一下中国改革开放后至今，中国的军事发展战略，希望能给予一定的启示。

军事战略作为国家战略的一个重要组成部分，关系国家未来兴亡，是生死攸关的国家战略。经过三十多年高速发展的中国，自改革开放后，针对不同历史时期成功地把握了历史上的战略机遇期，使中国成为世界上第二大经济体。同时，面对国际形势的变化，中国利用现有的综合国力、技术发展等条件，又进行了与之相适应的军事战略调整。中国的军事战略经过调整正不断地得到发展和完善，但始终把握的原则是积极防御的军事战略方针，为中国走向强盛的道路奠定了基础。

除了国防方面，中国军队还在执行反恐、抢险救灾、国际维和等非战争军事行动中担负着重要作用。尤其是在大规模的灾害中体现出中国军队的重要能力，如在 1998 年的抗洪和 2008 年的汶川地震中发挥了无可替代的作用。

在这三十年里，中国一直以遏制冲突和战争的爆发来为发展营造安全环境。军事战略首先是以主动预防、化解危机为主，避免危机的爆发和升级。即使是在核武器战略上也是坚持自卫防御的核战略，其战略目标是避免别的国家对中国使用或威胁使用核武器，不搞各种形式的军备竞赛，为中国专心进行经济发展铺路。

在 20 世纪 80 年代以前，由于种种原因，中国一直面临大规模战争的威胁，当时只能以军队建设为中心，立足应对大规模战争的国家军事战略。

改革开放以后，由于国际形势的变化，中国的国家军事战略在军队一些领导的建议下，并得到了邓小平的认可，改为积极防御的国家军事战略。这一时期的军事战略强调，战略指导要从立足于随时准备敌人大规模入侵转变为着重对付可能发生的局部战争和军事冲突，在基本稳定北线战略态势的前提下逐步改善南线的战略态势，重视海洋战略，保卫和维护国家的海洋权益，提高武装力量的实战能力和整体威慑能力。

当然这时的积极防御战略与新中国成立初期的积极防御战略有了很多不同，并在内涵上有了新的发展。因为新的积极防御战略把国家利益作为制定军事战略方针的最高准则，旨在遏制战争，争取有利的国际和国内环境，把国家工作重点转移到经济建设。为适应国家整体战略的变化，人民解放军建设指导思想实现战略转变，从时刻准备战争的状态转到和平时期的国家建设状态。

到了 20 世纪 90 年代，中国军事战略又有了新的调整，核心是打赢高技术和信息化条件下的局部战争。1993 年，中央军委制定出新时期积极防御的军事战略方针，提出把军事斗争准备的基点放在打赢现代技术特别是高技术条件下的局部战争上。到了 1995 年，又提出科技强军战略，要求实现军队建设由数量规模型向质量效能型、由人力密集型向科技密集型转变。进入 21 世纪，中国的国家军事战略又确定把军事斗争准备的基点放在打赢信息化条件下的局部战争上，要求积极推进中国特色的军事变革，加快实现建设信息化军队、打赢信息化战争的战略目标，努力构建一支同国家安全和发展利益相适应的军事力量。

当时中国的军事战略是内外政策在国家层面的体现，是当时中国为了赢得和平时期的发展，努力避免战争的体现。为了中国的发展和强盛，在克劳塞维茨所说的黄油和大炮的问题上，当时的中国选择了黄油。为了赢得良好的国际环境，中国主张用非军事手段解决争端、慎重对待战争，这时中国的军事战略始终是防御性的。这些都是为了服从国家的经济发展战略大局，以维护国家利益为核心制定军事战略。这些国家军事战略的制定成功地为中国赢得了发展机会，使中国在短短的三十多年里，从一个综合国力排名落后的国家，跃升为世界第二大经济体。

由于时代的发展，世界格局的变化，过去的国家军事战略已经很难适应新的国家发展的战略需求，中国在国际和国内的利益迫切需要新的国家军事战略来维护，更加积极和主动地维护国家利益是未来中国军事战略发展的方向，也是中国在通往强盛道路上的必然选择。在关注国家全面发展的层面上，中国军事战略必然会服从和服务于中国总体发展战略。无论是军事斗争准备、军队各项建设和重要军事行动，都会从维护国家重要战略机遇期、维护国家利益的全局出发来进行全新的战略定位。中国在国际大势上成功把握历史发展趋势，并制定了适宜国家的军事发展战略，使中国成功走向强盛，值得一些国家学习和借鉴。

第五节　军事人才是军事实力的核心

人才对于国家的重要性不言而喻，人才在国家走向强盛中占据举足轻重的地位。本书有专门的篇章来论述人才，但是对于军事人才，本章先来强调和说明军事人才对于国家和军队的重要作用。

回望中国历史，从商代的伊尹、周代的姜尚、汉代的张良与韩信，可以看出奠定一个国家强盛的基石的就是人才。到了21世纪的今天，军事发展所涉及的领域之宽广复杂，更是需要各个方面的人才，如军事领导人才、军事科技人才。人才是否优秀和充足是军事强大的关键，除此还须有可以人尽其才的人事管理。随着人类社会发展的加快，人才必将是国家间竞争所注重和争夺的对象。

例如，1949年新中国成立后，中国核武器的发展道路所体现出来人才的重要性就是最好的例子。中国通过争取国际上的优秀人才回国，发掘和培养自己的人才队伍，最终建立了一支系统的核武器研究、开发和制造的人才队伍，使中国在当时落后的情况下，拥有了世界尖端的军事人才，确保了中国在军事、经济等发展的道路上不被遏制，真正奠定了今天中国在世界上的大国地位。

在未来，无论是中国还是其他国家，要想成为强盛的国家，在军事领域，尤其是尖端军事科技方面拥有系统的相关人才队伍，是保障国家强盛发展的重要环节。

第十章　科学：强盛的动力

在人类的发展史上，每一次盛世的到来都和科技的进步和飞跃有直接的关系，可以说科技就是国家强盛的动力，在科技的助推下人类社会才会迎来新的兴盛时代，尤其是即将进入的智能核心型社会，科学技术更是至关重要的因素。

一个国家在科学技术的助推下，能使国民具有一定的科学素养，这是国家得以正常发展的基础。而国家科学精神的普及和传播，与政策的引导、榜样的树立、相关教育与传媒的责任等诸多方面密切相关。

只有普遍具有科学精神的国家，科学才能得到尊重与发展，科学的发展正是在这种环境中才能得到孕育，科技创新的潜力才能发挥出来。只有科学技术不断发展和创新，国家才能走向强盛。

由于人类的每一次大发展都与科学技术革命密切相关，所以科学技术基础设施的建设和人才的培养，对一个国家极其重要。科学基础的建立和科学人才的培育是循序渐进的，从来不能一蹴而就，认为一个国家或经济体无须必要的基础设施，就能够使科技以创新的方式跨越式发展的想法是不可能实现的。

进入 21 世纪，科技已经成为世界各个国家发展的基石。未来世界，科技将越来越重要，科技的竞争必将异常激烈，谁能在科技方面领先世界，谁就会在国家强盛的道路上走在世界的前列。一个国家的科技发展实力和科技精神，以及国家对科技发展的态度都影响国家科技发展的水平。而科技发展的水平又直接影响一个国家的兴衰，可以说科技就是国家强盛的内在动力。

第一节　科技变革与时代发展

盛世往往是一次划时代的科技变革带来的结果，人类的每一次大发展，都与生产技术、军事技术等科学技术的创新有关，而新技术的飞跃发展往往会带动社会同样飞跃式地进步。

从大航海时代开始，航海技术的发展奠定了西班牙、葡萄牙和荷兰国家强盛的基础，也为人类进入现代社会开拓出了一条科技发展之路。

蒸汽机的发明标志着工业革命的开始，当时在英国，为了从矿井里抽水和转动新机械的机轮，急需有一种新的动力之源，结果引起了一系列发明和改进。在1702年前后，托马斯·纽科门已经制造出原始的蒸汽机，并被广泛地用于煤矿抽水。由于最初的蒸汽机结构设计的问题使得消耗燃料太多，使用上很不经济只能用于煤田作业。1763年詹姆斯·瓦特为了改进纽科门的蒸汽机，瓦特与制造商马修·博尔顿顺利筹集到了研究经费，成功的改进了蒸汽机，使得当时的蒸汽机能源利用率大幅提高，并广泛应用于除煤矿以外的纺织厂、炼铁炉、面粉厂等其他工业领域。蒸汽机的发明离不开当时欧洲的社会发展需要，以及当时的科技发展环境，由于瓦特的发明极大地促进了工业时代的到来，为当时欧洲资本主义发展做出了积极的贡献，机械化时代的到来，开启了人类工业大生产时代。

由于棉纺机和蒸汽机需要铁、钢和煤，这也进一步刺激了采矿和冶金术方面的一系列技术进步。钢铁工业得到了发展，在1784年人类发明了能除去生铁中的杂质的炼铁技术。为了得到更好的铁制品，发明了炼钢技术，钢铁工业的快速发展为人类创造了一个全新的工业世界，也为人类发展奠定了材料的基础，使之进入钢铁时代。

经济的飞速发展刺激了各个领域的技术进步，英国到1800年时生产的煤和铁比世界其余地区合在一起生产的还多。人类不仅进入了蒸汽机的时代，也跨入了钢铁时代。而纺织工业、采矿工业和冶金工业的发展激发了人们对运输工具的改进和发明的灵感，时代也需要一种运输工具用来运送大宗的煤和矿石。1761 布里奇沃特公爵在曼彻斯特和沃斯利的煤矿之间开凿了一条长 7 英里的运河。曼彻斯特的煤炭价格因此下降了一半，这位公爵又把他的运河开凿到默西河，煤炭的运费只有陆上运输价格的六分之一。运河惊人低廉的运输成本开启了英国乃至全球的运河开凿热，英国到 1830 年时已经有 2500 英里的运河。

经济的发展，运输需求使道路运输快速发展，人类开始进入公路时代，当时的道路运输非常原始，人们只能步行或骑马旅行；在雨季，泥泞的道路使得装载货物的运货车几乎无法行驶。1850 年以后，筑路工程师们发明了修筑铺有硬质路面、能全年承受交通运输的道路技术。当时乘四轮马车行驶的速度从每小时 4 英里增至 6 英里、8 英里甚至 10 英里。从爱丁堡到伦敦的道路旅行时间，缩短到 44 小时。

蒸汽机车的发明和铁路的使用，使得公路和水路运输受到了挑战。采矿工程师乔治·斯蒂芬孙，是第一位利用蒸汽机车以平均每小时 14 英里的速度把一列火车从利物浦牵引到曼彻斯特。几年的发展，铁路运输就占据了长途运输的主要份额，它能够比在公路或运河上所有的运输工具，以更快的速度和更低廉的运送成本运送旅客和货物。

蒸汽动力在水上运输中也获得了巨大的成功，取代了传统的运输船。第一艘成功的商用汽船是由美国人罗伯特·富尔顿建造的 “克莱蒙号”汽船。这艘船配备着一台驱动明轮的瓦特式蒸汽机，它溯哈得孙而上，行驶 150 英里，抵达奥尔巴尼。其他发明者也以富尔顿为榜样，在克莱德河两岸建了造船场。早期的汽船仅用于江河和沿海的航行，直到 1833 年，“皇家威廉号”汽船从新斯科舍行驶到英国。后来“大西方号” 汽船越过大西洋，行驶时间为最快的帆船所需时间的一半左右。塞缪·肯纳德建在 1840 年开通了一条横越大西洋的定期航运线，预先宣布轮船到达和出发的日期。到 1850 年，汽船已在运送旅客和邮件方面胜过帆船，并开始在大宗货运领域显示出它的优势。

工业革命促进了各个行业的发展，科技的进步也使得在通信联络方面引起了一场革命。英国人查尔斯·惠斯通与两个美国人塞缪尔·莫尔斯和艾尔弗雷德·维耳发明了电报。人们在1866年还铺设了一条电缆，从此欧洲与美洲之间通过电缆可以进行快捷方便的通信联络。

人类借助汽船和铁路越过海洋和大陆，通过电报与世界各地进行方便快捷的通信联系。人类能源使用量开始急剧增加，工业革命的技术成果使世界连接在一起，技术的进步使得世界一体化的程度远远超过了世界早先在罗马人时代或蒙古人时代所曾有过的一体化程度。这时的欧洲是世界科技的中心，欧洲作为世界的统治者和支配者，这种统治和支配世界的地位一直持续到工业革命转移到美洲等其他地方为止。

如果说把1870年看作工业革命的技术转折点，那么在1870年左右科学技术开始极大地影响世界的发展， 科学技术的发展突飞猛进，各种新技术、新发明层出不穷，并被迅速应用于工业生产领域，也被称为世界上第二次工业革命。科学技术的突出发展主要表现在四个方面，即电力的广泛应用、内燃机和新交通工具的创制、新通讯手段的发明和化学工业的建立。

在第二次工业革命的1870年以后，几乎所有工业都受到科学技术的影响。例如，在冶金术方面，许多科学的工艺方法如各种炼钢法被陆续发明出来，科技使人类从低品位的铁矿中大量地炼出高级钢成为可能。内燃机的发明和使用，使人类的动力工业被彻底改变。人类的通讯联络也从传统的信件发展到大量应用的有线的电话和无线电的电报。世界石油工业迅速发展，科技的发展也促使地质学家和化学家创造出了大量科技成果；地质学家用科技的方式准确探测出油田，化学家发明了从石油中提炼出石脑油、汽油、煤油和轻、重润滑油的技术。科学对人类社会的影响产生了最惊人效果，比如科学家从煤衍生物煤焦油中提取出了，包括数百种染料和其他大量的产品，人类拥有了阿司匹林、冬青油、糖精、消毒剂、轻泻剂、香水、摄影用的化学制品、烈性炸药等改变生活质量的人造物质。

工业革命的第二阶段的特点就是工业生产技术的广泛应用。这时科技中心从欧洲转移到以美国为中心的地区，就如同第二次世界大战前德国在科学领域中领先一样，美国拥有巨大的有利因素使之在大量生产方面居于世界领先地位，当时的美国资源充足，巨额投资资本被广泛投资在工业领域，再加上大量廉价的移民劳动力的输入，世界和国内的巨大市场需求，为美国国民创造了优质高标准的生活条件。

大规模工业生产，对产业革命产生了巨大的冲击和改变，标准化和流水线作业为美国在工业上领先世界，打下了雄厚的基础。以标准化为例，当时美国发明家伊莱·惠特尼在 19 世纪就开始使用这种方法为美国大量制造滑膛枪。为了枪支维修的方便和快捷，他的工厂采用新的枪支零件制作技术，这种制造技术引起了广泛的关注，他的工厂为滑膛枪的每个零件都制作了一个标准模具，并保持非常高的加工精度，这些零部件可以使用在任何同标准的滑膛枪上面。许多工业生产领域都应用了惠特尼的工业制造方式，他们把机器零件制造得越来越精确，生产出精度相同的结构一样的零件，这样就能大批地制造同样高水平的产品。

流水线生产方式是美国的汽车大亨，亨利·福特发明的，他把汽车零件运送到装配工人所需要的地点，以传送带的方式生产和装配汽车，获得巨大的成功，汽车生产效率被提升到全新高度。他的这种流水线方式，灵感来源于芝加哥的罐头食品加工场工人那里，福特的工厂利用一台空中吊车来装配汽车各种部件，把汽车底盘栓在一根牵引钢丝绳上，用绞盘将钢丝绳拖过汽车工厂的各个加工环节，工人们边走边拾起沿途的零件，并装配到汽车底盘上，把零件固定就位。经过试验和调整，确定相应的工人和组装流程，这些流水线作业模式把每台汽车底盘上的装配时间，从原来规定的 18 小时 28 分钟缩短到 1 小时 33 分钟，世界因此制造出了大量廉价的汽车，随着汽车装配工人成为流水线上的更为有效的资源，人类因为福特的流水作业方式和标准化技术，也正式进入大量生产时代的新阶段。

借助于先进的机械设备，规模化的大生产，人类的生产效率得到极大的提升，大量生产的这种方法也是在美国得到改善和发展，以美国的钢铁工业为例。钢铁工业在一个巨大的工业区范围里进行连续生产和制造。铁路运来的铁矿石，通过上料车把焦炭、石灰石和这些矿石一起运至高炉顶部，将它们倒入炼铁高炉内，高炉里火红的铁水通过运输车将冶炼出来的生铁汁转至炼钢炉中，冶炼好的炽热钢水流入巨大的钢水包中，再倾倒入放在平板车上的铸模中，一辆机车把平板车推到若干凹坑处，除去铸模后通红的钢锭就放在里面保温，通过传送机把钢锭运到巨大的钢铁轧机里，在轧机中轧制出各种形状的钢制品，这种大规模的钢铁生产流程从矿井中的铁矿石到制成的钢制品的生产成为工业大生产时代的标志性代表。

从纯经济的观点来看，这种大规模的工业生产极大地降低了工业制成品的成本，提高了产品的生产效率，当时的钢铁大王安德鲁·卡耐基描述到："从苏必利尔湖开采两磅铁矿石，并运到相距900英里的匹兹堡；开采一磅半煤、制成焦炭并运到匹兹堡；开采半磅石灰，运至匹兹堡；在弗吉尼亚开采少量锰矿，运至匹兹堡——这四磅原料制成一磅钢，对这磅钢，消费者只需支付一分钱"。

工业革命促进了科学技术的进步，大规模工业生产改变了世界的经济结构，在这些方面领先的是德国和美国。科技的进步也改变了农业的生产。德国化学家发现，如果要保持土壤的肥力，就必须恢复土壤中植被摄取的氮、钾和磷。最初他们是利用天然肥料来达到这一目的，到了19世纪末时，化学肥料的技术进步，使天然肥料让位于化学肥料，世界粮食产量因此得到了大幅度的提升，更加促进了食品工业的发展。

第二次世界大战后，人类进入信息技术、生物技术和航天技术时代为主的第三次技术革命时代。在这个科技时代，生物克隆技术的出现，航天科技的出现，欧美有人认为21世纪生物技术与合成生物学将引发第三次工业革命，也即生物科技与产业革命。20世纪科技方法论从实证分析向系统综合转型，人工智能、微电子技术的发展，导致了电脑、电信等信息产业革命，人类基因组计划促进了生物信息学的发展。

自从英国中西部启动的第一次工业革命，欧美几乎同期发生的第二次工业革命，社会产业结构的形成与经济的增长又发展到了一个新的历史时期。到第三次技术革命，随后全球爆炸性地走向了电脑科学与生物科学整合的科技与产业发展态势。

21世纪的整个产业结构，都发生着巨大的变化，无论是生态、遗传、仿生还是机械、化工、电磁的工程应用整合的材料、能源、信息产业，生物材料和基因工程生物等。计算机科学、神经系统的控制论、信息论研究；细胞内、细胞间通讯行为的探索，推动了系统生物科学与工程发展，将形成未来的材料、机器智能、能源与信息等科技产业。

科技革命与产业革命是不同的概念，产业革命往往是由于制造业的革命引发的一场导致三大产业的全面变革。第一次工业革命开始于纺纱与织布的工业规模化与蒸汽机的广泛应用，以内燃机发明、汽车工业的起点为结束；第二次工业革命开启了电气化和电话、电子通讯产业的发展，而在计算机互联网技术达到了顶峰；第三次工业革命应该以有机化工的末尾，基因工程的开始、系统生物学与合成生物学的迅速发展为起点，生物工业革命的显著特征是学科交叉和技术综合，以有机化学合成技术、高精细分析化学、纳米分子科学、微电子技术、超大规模集成、计算机软件设计、转基因生物技术、智能机器人技术等学科与技术的综合集成， 人工智能、合成生物系统等高科技产品的开发与发明，将是未来技术给产业带来的革命性变化成果。

当我们简短回顾科技革命与国家强盛的关系时，会看到这样的一个规律，在工业革命开始到第一次工业革命中晚期，科技的重心在欧洲，以英国为主；在第一次工业革命的中晚期到第二次工业革命中期之前，世界科技的重心在向美国和德国转移；在第二次工业革命中期以后至今为止，世界科技的重心基本上是在美国。在这个历史阶段中，世界最强盛的国家是以科技为重心的国家，由此可见科技对于国家强盛的重要性，也可以得出如下推论，科技实力最强大的国家，与同一时期的强盛国家相比在强盛程度上一定是最强盛的国家。

第二节　掌握先进科技

科技是国家强盛的动力，一个掌握了先进科技的国家，就能走上强盛发展的道路。纵观世界发展的历史，每一次都是掌握和拥有了当时最先进的科学技术的国家，成为当时国际竞争中的胜利者。当先进的热武器对决冷兵器时，当热武器被核武器所取代时，科技对于国家盛衰的意义便非同一般。

从古代中国的秦代开始，中国的综合科技水平一直处于世界领先的地位。到了唐宋时期，中国的科技水平达到了空前的高度，在同一时期的世界范围内，无论是科技还是经济发展带来的国家强盛，都是与当时领先的国家综合技术实力相匹配的。到了明代以后，国家综合技术实力开始落后，而这时西方的科技在大航海时期得到积极的发展和提高。我们知道郑和下西洋时，中国的造船和航海技术一直是领先于世界的。但是自从海禁政策开始实施以后，闭关锁国政策使得中国与世界的交流开始处于封闭状态，而这时西方世界的科技开始飞跃发展，中国和西方的科技差距开始出现，此后一直到今天，中国的科技发展总体上还落后于西方发达国家。新中国成立以后中国的科技水平开始加速发展，并逐步与西方社会接近，但是差距还在，这需要中国在战略性发展计划中更加重视科技，才能缩小差距。

今天，中国在先进科技的领域中，掌握的技术越来越先进，以中国的航天技术为例，中国在研究成功两弹一星技术后，便把很多精力投入到航天技术领域，与大飞机技术命运不同的是，中国在航天技术领域中一直没有中断，所以中国的航天技术一直得到平稳发展。1970 年中国成功发射第一颗人造地球卫星东方红，成为世界上能独立发射人造卫星的国家。早在 1958 年，根据毛泽东主席的提议把发射人造卫星列入科学发展规划。中国科学院成立了“中国科学院 581 组”和上海机电设计院，专门从事航天技术的研究。此后，中国正式制定航天技术的发展规划。

1968 年中国空间技术研究院成立，统一组织相关部门进行系统的航天技术的试验研究，1982 年中国在过去的基础上成立航天工业部。与航天技术相关的设施体系开始建立并完善，形成了完整的航天工程体系。中国在研制成功第一枚运载火箭并成功发射自己的第一颗人造卫星后，根据运载火箭的发展规划，逐渐形成了从长征 1 号到长征 4 号的长征火箭系列型号，可以发射许多种型号的卫星。

中国载人飞船在1992年正式被列入国家航天发展计划，这项工程后来被命名为神舟载人航天工程。1999年中国第一艘无人试验飞船“神舟”一号试验飞船在酒泉试飞成功。同时中国建立了完善的陆地和海洋的航天测控网，并成功地进行了一系列科学试验。2001年中国第二艘无人飞船“神舟二号”发射成功，并在太空飞行了7天。

中国的第三艘飞船“神舟”三号飞船，于2002年在酒泉卫星发射中心发射升空并成功进入预定轨道。这艘飞船上装有人体代谢模拟装置、拟人生理信号设备以及形体假人，能够定量模拟航天员在太空中的重要生理活动参数。这次发射还测试了逃逸救生系统。神舟三号成功发射标志着中国载人航天工程取得了新的进展，也为把中国的航天员送上太空提供了技术保障。紧接着的神舟四号在酒泉载人航天发射场发射升空，按预定计划在太空飞行了6天零18小时，环绕地球108圈。神舟四号飞船是中国载人航天工程成功的标志，除没有载人外，技术状态与载人飞船完全一致。

2003年神舟五号载人飞船成功把航天员杨利伟送上太空，经过一天的飞行后成功返航并安全着陆，中国首次载人航天飞行圆满成功。神舟五号飞船的成功发射意味着中国载人航天技术达到了世界先进水平。在2005年神舟六号太空船发射成功，运载两名飞行员在太空飞行了115.5小时。2008年9月25日神舟七号飞船把三名宇航员送上太空，实现中国宇航员第一次太空行走，中国成为第三个有能力把航天员送上太空并进行太空行走的国家。

神舟八号无人飞船，是中国“神舟”系列飞船的第八艘飞船，于2011年11月1日5时58分10秒由改进型“长征二号”F遥八火箭顺利发射升空。升空后2天，“神八”与此前发射的“天宫一号”目标飞行器进行了空间交会对接。组合体运行12天后，神舟八号飞船脱离天宫一号并再次与之进行交会对接试验，这标志着中国已经成功突破了空间交会对接及组合体运行等一系列关键技术。

神舟九号飞船是中国航天计划中的一艘载人宇宙飞船，是神舟号系列飞船之一。神九是中国第一个宇宙实验室项目921-2计划的组成部分，天宫与神九载人交会对接将为中国航天史上掀开极具突破性的一页。中国计划 2020 年中国将建成自己的太空家园，中国空间站届时将成为世界唯一的空间站。神舟九号载人飞船飞行乘组由 3 名航天员组成，其中 1 名为女航天员；飞船在轨飞行十余天，计划安排飞船与天宫一号进行两次交会对接，第一次为自动交会对接，第二次由航天员手动控制完成。中国的第十艘太空飞船，也是中国第五艘载人飞船，与天宫一号进行交会对接成功，中国已经基本掌握了空间飞行器交会对接技术。将对后续的天宫二号即第二代空间实验室的建设打下坚实的基础。

除了中国载人航天工程外，中国还进行了嫦娥系列的探月飞行并成功地将飞行器月兔号送上月球。中国的北斗卫星导航系统也基本建设完成。新一代运载火箭基本型工程研制工作将全面展开，完成研制后，将实现近地轨道运载能力高达 25 吨，地球同步转移轨道运载能力达 14 吨的发射运载能力。

可以说，中国的航天技术发展从无到有、从小到大，从仿制别人到自行研制，走过了辉煌的历程。新中国成立后中国航天不仅研制成功了多种导弹武器系统、运载火箭、应用卫星，还成功地发射了载人飞船，实现了中华民族的飞天梦想，为国民经济建设、国防建设、社会发展、科学进步和中华民族的伟大复兴做出了重要贡献，正是由于掌握了先进科技使得中国在航天领域的发展和进步成为中国在航天领域技术成功的典型案例。

综观中国和西方发达国家，从文艺复兴时期至今，在近五六百年的历史发展过程中，可以看到一条规律，谁在国家综合科技方面达到了世界领先的水平，谁就掌握了通往强盛之路的主动权，也会成为同时代独领风骚的强盛国家，未来世界的发展也将遵循这样的发展规律。

第三节 建立科技优势

一个引领时代的强盛国家，在它所处的时代，它的科技水平一定是具有领先优势的。所以，一个国家要想强盛，必须建立它的科技优势，包括科技的人才优势，科技的研究优势，科技的产业优势等。

美国总统奥巴马在他的国情咨文中曾经表示，今天在创新方面锐意进取的国家，明天将主宰世界经济，中国并没有“袖手旁观”，“其他国家正在大力提高创新能力，美国承担不起停滞不前的风险。”美国国家科学委员会委员雷·伯恩认为，美国目前依然是全球科技发展的领导者，但世界是如此瞬息万变，美国的科技优势正面临其他国家的挑战。上一代美国人也许做梦也未曾想到，今天的美国会身处这样的竞争环境之中。

以上可以看出，美国总统和美国科技部门的领导者对国家科技优势的重视，以及科技优势在世界竞争中的重要作用和地位。由此可见，在未来的激烈竞争中，一个国家如果科技没有达到领先的水平，那么这个国家的强盛程度也必然大打折扣，所以一个国家的强盛须在各个领域建立科技优势。

就以中国为例，在 20 世纪 70 年代末，中国开始经济改革，当时的中国经济十分落后，但是在经过 30 多年的国家主导的经济改革，中国在很多领域的科技水平已经开始赶上甚至是超过了世界其他国家。这些技术主要体现在大规模的基础建设领域，比如中国的高铁技术、超高楼建设技术、航天技术等都取得了显著的成就。

以中国的高铁为例，中国在没有建设高铁之前，中国的铁路运输十分落后，每年因为大规模客运与货运需求，导致中国的铁路一票难求，火车速度低，条件恶劣、拥挤。由于中国政府巨额的资金投入，中国的高铁建设开始飞速发展，在短短 8 年的时间，中国的高铁从引进技术和设备，到经过消化和吸收逐渐掌握高铁制造技术，并在此技术的基础上进行科技创新，使得中国的高铁技术逐渐超越世界其他国家，居于世界领先地位。

今天，遍布中国的高速铁路网正处在紧锣密鼓的建设当中，已经开通的许多高铁路线，为中国的经济发展带来了极大的促进作用，时间的缩短，效率的提升使得中国进入一个高速铁路时代。

国产高铁技术是在引进消化吸收的基础上实现技术领先的，中国高铁技术是集成了多国高铁技术的综合体，但是相关技术的知识产权是属于中国的。由于中国的铁路发展需要，再加上中国高铁发展潜力巨大，便造就了中国高铁的领先世界的优势。

中国铁道部当年在进行铁路电气化改造的时候，要引进外国的机车，当时参与投标的外国企业有：德国西门子集团、法国阿尔斯通集团、加拿大庞巴迪集团、日本日立、川崎重机集团等国际上拥有高铁技术的公司。

中国铁道部的要求除了中标者价格合理外，必须转让 80% 的技术，并要求核心技术要对中国铁道部公开，可以采购国外制造的 20% 的机车，但是剩下 80% 必须在中国国内组装制造。

当时西门子不同意转让技术，中国在开标第一轮就把德国西门子淘汰了。第一次招标中标的是加拿大庞巴迪集团，并和长春机车轨道公司成立了合资公司。接下来中国铁道部还是通过这样靠市场换技术的方式，这时国外这些公司虽然有非常先进的技术，但是没有用武之地，中国庞大的铁路市场迫使这些公司放下了身段。

铁道部把采购订单分成若干个系统，比如引进日本的牵引系统，法国的电控系统，德国的行车控制系统，加拿大的轨道技术等。中国铁道部通过这样的方式，使得这些公司把最先进的高铁技术转让给中国，并给中国的南车集团和中国北车集团进行技术研究与消化吸收成功地进行了整合型的技术创新。

虽然中国最初生产的高速列车是国外技术的综合体，而且 10% 左右的核心元件还由国外供应商控制。但是经过技术研发，后来的 CRH2、CRH3 动车则基本上是完全国产。目前中国北车集团、中国南车集团两大铁路企业着力于从事先进技术的消化吸收、研发创新工作，力求成为世界实力最强的高速铁路技术研发团队。CRH3 动车组最初关键技术一直无法突破，拥有这项技术的日本川崎重机集团因为公司业绩压力只得同意卖给中国几套元件。中国铁道部拿到相关元件后，在两大铁路企业技术攻关下，通过逆向研究成功攻克技术难关，在此基础上还对日本技术进行了改进，CRH3 型动车组被顺利生产出来，中国的武广高铁就是应用的 CRH3 型动车组。

目前中国在国内大力建设高铁线路，同时中国利用自己拥有的绝对领先的高铁技术向世界推广，美国和俄罗斯都已经与中国铁道部签署了建设高铁的合作备忘录，正在进行前期立项工作。中国高铁用市场换技术，换来了自主创新，形成一整套自主知识产权，并成功地走向国际市场，值得自豪，然而令人深思的是，当年同样以市场换技术的中国产业，比如中国汽车行业、中国航空工业值得领导人深思！

第四节　知识产权保护

国家要想强盛，知识产权保护有多么重要？美国为什么能成为当今世界最强大的国家，为什么美国的科技领先世界，当你看到美国总统林肯的名言就会明白原因："国家要强大，就要为科技成果插上资本的翅膀"，"给天才之火浇上利益之油"。这就是美国科技领先的原因，也是美国强大的原因之一。可以看出，鼓励创新和保护知识产权所起的重要作用。

保护知识产权，就是保护人类的智力成果，也是保护人类智力创造的积极性，更是保护国家发展的力量。今天，知识产权越来越成为国家发展中起重要作用的力量。

保护知识产权就是保护国家的经济发展，一个国家在知识产权上保护不力，必然给这个国家的经济发展带来巨大的负面影响。在知识产权保护不力的情况下，技术创新在市场深化方面就很难发挥引领作用，因为当新的产品问世后，山寨和盗版很快就会出现，这时候市场往往倾向于消费低价位的山寨和盗版产品，而知识产权保护制度的弱化，使知识产权拥有者不能很容易地防止或避免这种现象。如果加强知识产权保护，提高对侵权者的打击力度，知识产权拥有者的利益将得到保护，这样整个国家必然都会积极地投入到科技创新和知识产权产品的开发上，必将增强这个国家的科技水平和知识产权产品的竞争实力，国家科技也将得到良性发展。

对于知识产权的保护和应用，有一种形式比较好的就是中国一家叫中建三局的公司，以创新工作室的形式进行技术的研发应用和知识产权的保护，使知识产权实实在在地产生实际效果。

建筑领域被很多人认为是技术含量低的领域，但是在中国一家叫中建三局的建筑公司，却在中国建筑领域创造了很多技术奇迹，这是一家能建造千米级摩天大楼的建筑公司，他们当前在建和已经建成的超高层大楼有数座已进入世界前十座大楼排行榜中。

中国在改革开放的初期，举世瞩目的深圳速度就是这家公司在 20 世纪 80 年代所创造，当时这家公司在建设深圳国际贸易中心时，他们 3 天建筑一个结构层，创造了举世闻名的“深圳速度”，今天中建三局将中国建筑业从高层建筑推向了超高层建筑的新水平，并拥有了许多领先技术，建筑是一门综合型的科技，尤其体现在超高层建筑的建设领域，建筑每向一个新的世界高度挺进时，对于很多技术都要求达到一个新的极限。

他们建造了很多超过 300 米高度的超高层大厦，上海环球金融中心，楼顶高度 492 米，2008 年建成时为世界最高楼顶高度。香港环球贸易广场 118 层、高 490 米，香港第一高楼，建成后成为“东方之珠”的新地标，高度为 477 米的广州东塔，高度为 580 米的上海中心大厦，以及高度为 596.5 米的 2015 年中国结构高度第一的天津 117 大厦，等等。还有建造难度非常高的央视新址 CCTV 大楼，建筑面积 49.59 万平方米，成为国内最大公建单体建筑。

中建三局通过创新提升竞争力，打造业内科技尖兵为思想理念，先后获得 9 项中国国家科学技术进步奖。获得了 561 项国家专利，有 28 项国家级工法、265 项省部级工法和 611 项科技成果荣获各级科学技术进步奖。有 9 项工程被评为中国建筑业新技术推广应用示范工程。

在建造领域创造了九大科技优势：超高层复杂体系巨型钢结构安装成套技术，大跨度三维空间钢结构体系研究与安装技术，高性能混凝土及特种混凝土研发生产与施工技术，高层、超高层建筑与大型钢结构建筑建造技术，大型公共建筑与工业设施建造与安装技术，复杂大型深基坑设计与施工技术，高级装饰设计与施工技术及计算机应用技术。获得了中国首批科技创新型建筑企业、中国“十五”建设科技进步先进集体、“十一五”中国建筑业科技进步与技术创新先进企业、武汉创新企业第二名，它是应用高新技术改造传统产业的典型代表。

这家公司的科技创新以创新工作室的形式，进行技术的创新研究与应用，这种形式在中国天津的一座高达 597 米的叫 117 的超高层大楼的建造中体现的尤其突出，创造了 11 项中国和世界之最，获得了国家实用新型专利 6 项、国家发明专利 9 项，还有多项省部级科技进步奖。这个创新工作室硕果累累，它采用一种十分独特的技术创新与研发应用的形式，这个工作室的领导者是天津市五一劳动奖章获得者侯玉杰，该工作室也以他的名字命名，这种面对生产实际，通过领导带队，团队创新研究的技术创新模式是一种十分符合在生产中进行技术难关的攻克和应用的最佳方式，避免了为研究而研究的弊病，成为技术研究即应用的良好形式，这种创新工作室的形式对于知识产权的保护和应用起到了独特的作用。

对于一个努力走上强盛道路的国家来说，这种创新工作室的技术创新与应用的形式使其产生的知识产权能够得到很好的保护和应用，是非常有效提高国家科技实力的方式之一。

第五节　国民科学精神与科学素养

一个国家在发展中培养国民的科学精神，是这个国家走上强盛之路的重要国民素养。在具有广泛的科学精神的国家，它的强盛和发展是内在的动力，也是其他国家无法遏制的巨大力量，即使是国家遭受了巨大的灾难，也会因为国民良好的科学素养而很快摆脱灾难，重新走向强盛。

在普遍具有科学精神的国度里，只有知识得到尊重和发展，创造知识的科技人才会得到更好的社会支持，因而会更好地发挥科技人才的力量，使之成为国家强盛的推动力。德国是做得较好的国家，所以德国的科技一直在世界上处于领先地位，使德国即使是在经历了两次世界大战的战败后，依然能够通过国家的科技基础和国民的科技素养，在战争的废墟中快速地崛起，成为世界的强国之一。

第二次世界大战后，世界处于相对和平时期，比较安定的国际环境让世界各国的经济得到了恢复和发展。特别是联邦德国，被认为是“经济发展的优等生”，它在经济发展中取得了被称为“奇迹”的巨大成功。联邦德国的成功，原因是多方面的。战前德国是一个发达的资本主义国家，科技实力非常雄厚，国民拥有很高的科学素养。德国是一个高度重视科学技术的国家，国民科学精神和对科学的重视程度十分高，这为战后德国的崛起和腾飞奠定了坚实的人才技术基础。战后联邦德国又集中了战前德国70%的设备能力和62.4%的工业产值，从而为恢复和发展工业奠定了坚实的物质和技术基础。

联邦德国适时地进行了经济改革，建立了一个比较符合国情并行之有效的社会市场经济体制。大力发展教育事业，造就了一支宏大的科技队伍，并注意引进外国先进技术。1950—1970 年，联邦德国在校大学生由 100339 人增加到 411951 人，平均每万居民的大学生数从 21 人增加到 67.9 人。除了正规的学校教育外，联邦德国也很重视职工的业余教育，规定不再升入大专院校的中学毕业生，在三年内享有法定休闲日去接受正规课程教育。为了加快科技发展，联邦德国还特别注意引进外国先进技术。1950—1973 年，联邦德国进口专利和许口证的支出从2200万马克上升到165400万马克，增长了 74 倍以上。由于重视科技和教育，国民科学精神和科学素养程度得到了进一步提升。

科技的发展使得德国的劳动生产率不断提高，高度尊重科学、重视科学的政策使联邦德国在国家强盛的发展道路上掌握了主动权。在以科学技术为先导的国家发展道路上，德国取得了辉煌的发展成就，柏林墙倒塌后，德国步入新的强盛发展时期，德国从此成为主导欧洲力量的强盛国家。德国由此积累起来的经济实力转化为强有力的政治力量，使其在国际政治舞台上的政治地位发生重大变化。德国在经历了两次世界大战的战败状态下，由于对国民素质和国家对科技的重视，加上良好的政治经济发展策略，最终于以一个经济和政治大国的形象重新崛起于21世纪的世界。德国取得的成功，值得世界每一个想成功走上强盛道路的国家学习和借鉴。

培养国民的科学精神，提高国民素质也是中国现代化建设中必不可少的环节，中国当前的国民科学精神和素养较世界上很多国家相差很大，由于中国历经一百多年的动荡、贫穷、落后导致国民科学精神严重缺失，愚昧迷信横行，已经制约了国民素质的整体提高。要实现中华民族的伟大复兴，就必须提高中国国民素质，用科学精神对国民愚昧迷信观念进行彻底改变和重新塑造。

第十一章　数据、信息、情报与智库

知己知彼百战不殆。如何知己和知彼，这是信息与情报工作最重要的内容，信息与情报是一个国家进行正确决策的重要依据。一个国家想要走向强盛，真实准确的数据、信息与情报的收集整理，并经过智库的分析与研究，使之成为这个国家决策的重要依据和科学发展的基础是必不可少的。国家在很多层面上的政策制定需要基于数据、信息和情报，而收集到的相关内容经过智库的分析与研究，最终会成为国家制定政策与决策的依据，数据、信息的准确和情报的真实性，是关系到决策正确和政策合适性的前提因素。

在互联网时代，基于互联网的大数据的分析与整理，事关一个国家的信息安全，而一个国家能否保护好自己的信息安全和情报安全，则关系着这个国家的各种利益甚至是生死存亡。一个能掌控好自己的信息情报安全，并且能更多地获取可靠的信息情报的国家，才有可能走上强盛之路。

今天，世界已经进入信息化、数据化时代，这个互联紧密的世界，给人类带来了巨大的便利和快捷，实现了人类历史上无法实现的梦想。但是在这个数据互联的时代，信息的爆炸式增长也使得一个国家的信息安全面临着巨大的危机和风险。在技术手段下几乎没有信息安全可言，大数据时代的数据分析手段也可以详细地对一个国家、企业或个人进行数据分析，进而通过智库的研究与分析得出需要的信息情报内容。基于数据、信息、情报的内容通过智库的分析得出的决策内容，无论是对于国家还是企业，都将产生深远的影响。

第一节　数据、情报、智库与国家强盛

国家要发展，必须有相关的数据和指标来衡量和判断国家的状况，并根据国家的实际情况来制定发展政策和发展战略。这时，相关数据指标在国家发展中将起到举足轻重的作用，也是国家找到更加适合自身情况的发展策略的科学依据。

在国家发展过程中，有效地获得其他相关国家的情报，是应对国家发展的外部环境的最关键环节，及时和准确的情报是国家决策的依据，是国家能否把握先机获得主动权的关键因素。

在收集到翔实准确的国内数据和国外情报后，如何进行科学的分析与研究，并从相关数据与情报信息的研究中，获得恰当和准确的研究结果，为国家决策层提供最优的决策依据，给国家发展和强盛指明正确的方向，是国家智库所应起的作用。

2012年在瑞士达沃斯召开的世界经济论坛上，大数据成为参加论坛的国家领导和企业家最为关注的主题之一。在这次论坛上发布的《大数据，大影响》报告指出，数据已经成为一种新的经济资产类别，就像货币或黄金一样。大数据的时代已经到来，大数据为国家或企业通过应用数据提升竞争力提供了新的手段和工具。通过对大数据的应用，传统的决策体系必将得到根本的改变。

《大数据》一书中所讲的一个关于数据收集和整理的故事，让我们认识到数据收集、分析和整理的巨大价值。海员莫里通过对搜集的数百年来的航海日志、地图上的数据，并结合洋流、风向等总共120万个数据点进行分析，写出《海洋的地理物理学》，帮助航海家找到了更有效的航海线路，更是英国成为海洋强国的基础。试想如果把蕴藏于互联网中的数据进行收集、整理和分析，并得出其中的规律，那么这些重要的信息一定会奠定未来数据强国的基础。

孤立的数据不能反映出某些规律和信息，但是通过对大量数据的分

析和挖掘，就可以发现意想不到的联系。大数据时代的决策分析体系，要充分获取外部数据、信息和情报，通过充分挖掘和分析这些数据、信息和情报，并进行科学的分析找出内在的规律，为国家或企业等提供决策依据。在大数据时代，国家必须通过各种手段，搜集各种信息与情报，建立符合国家发展的决策体系。通往强盛道路上的国家，只有将数据、信息和情报作为国家决策的重要依据，并建立常态化的机制，才能充分了解竞争对手，应对快速变化的内部和外部环境，快速准确地做出各种正确的国家决策。

可见，一个国家的发展与数据、信息、情报和智库之间有着奥妙关系，这些关键因素的好与坏直接决定了国家决策与国家战略的成败，对于通往强盛之路的国家来说，运用好这些因素具有十分重要的意义。

第二节　信息情报工作与国家强盛

信息情报的安全与否，直接决定了一个国家的盛衰，甚至是一个国家的存亡。所以，确保自己国家信息情报的安全，准确及时地收集有关国家的信息情报，对国家具有重要的作用。

在古今中外的历史中，有众多关于情报信息与国家安危的故事，中国古代著名军事著作《孙子兵法》中就有："相守数年，以争一日之胜，而爱爵禄百金，不知敌之情者，不仁之至也，非民之将也，非主之佐也，非胜主也，故明君贤将所以动而胜人，成功出于众者，先知也。"这段描述的就是有关信息情报的重要作用。《左传·庄公二十八年》记载：楚国攻郑，诸侯派兵援救，楚国连夜撤兵。郑国尚不知道这个情况，准备逃往桐丘。派出的间谍回来报告说楚军的帐篷上有乌鸦，于是他就没有逃跑。《礼记·檀弓》记载了这样一件事：晋国派往宋国的暗探回国报告，宋国的宰相子罕去看望一个死去的守城门的人，百姓都很感动，认为这样的国家是不好攻打的。这说明当时各国对刺探别国的军事、政治情报非常重视。

今天美国能如此强盛，无论是从美国的建国还是从美国的发展，无不伴随着对信息情报工作的重视，可以如此断言，没有美国强大的信息情报体系也就没有今天美国的强盛。回顾美国信息情报的历史，从美国独立建国就已经和信息情报密不可分，而且美国政府情报机构的创始人就是美国的建国领袖乔治·华盛顿。由于对信息情报工作的高度重视，才能使得美国在英国强大的武装力量下，依然能够取得独立战争的胜利。其后，在美国成长和强盛的过程中，信息情报工作做出了不可磨灭的巨大贡献，这些情报工作的成果在两百多年的历程中时刻发挥着重要甚至是关键的作用。直到今天，美国依然是世界上信息情报工作实力最强的国家，同时美国在信息情报的支撑下依然是世界上最强盛的国家。

回望东方，中英第一次鸦片战争，是中国近代社会的起点，同时又是中国一百多年屈辱历史的开端，也加速了大清王朝灭亡的脚步。在中英鸦片战争中，清朝的失败是在技术落后的同时，还与情报工作的失败有关。在鸦片战争前和战争期间，英国通过外交官、传教士、商人甚至是鸦片贩子大量搜集清朝的情报，这些熟悉当时中国的人向英军提供了大量有关中国的信息情报，乃至当时的社会状态和经济情况。

而当时的清王朝，由于长期闭关锁国，清朝政府从上到下的官员对当时英国的情况，以及西方社会的发展状态等几乎完全不了解。时任两广总督的林则徐临时组织和收集有关英国的信息情报用以了解和认识英国和西方世界。虽然在他的主持下，翻译了《澳门月报》《华事夷言》《各国律例》等一批有关西方军事、政治、经济和法律方面的书籍，但是对于英国的信息情报的不足和缺乏，是直接导致鸦片战争在情报领域失败的状态，再加上军事技术落后和清朝政府官员对西方的无知等综合因素，最终导致鸦片战争的失败。鸦片战争的失败其实根源就是信息情报的失败，如果当时清朝政府不是闭关锁国，而是对英国的发展状态了如指掌，并能对西方的技术进步加以引进和吸收，根据当时世界政治变革的趋势进行政治体制的变革，引进先进的政治体系，以当时中国的实力，鸦片战争也不会失败得如此惨痛，最终导致清王朝的灭亡。

从美国重视信息情报工作和清王朝闭关锁国对比来看，所导致的结果可见一斑。重视信息情报工作的美国独立成功而建国，随后历经两百多年的发展成为世界上最强盛的国家；而清王朝由于闭关锁国，不重视信息情报工作导致鸦片战争失败，从当时在世界上实力很强的国家，最后却沦落到王朝灭亡的境地，当然这与政治体系已经落后于世界的发展直接相关，但信息情报工作的重要作用也不可小视。

第三节　国家智库

国家需要智库，国家智库的水平和能力决定国家的发展与强盛，国家智库的数量和质量体现出国家的强盛状态。国家的智库体系既包括隶属于国家的智库，还包括企业、大学、社会和私人机构的智库。国家智库的繁荣程度和应用普遍与否，关系到这个国家在各个领域能否把握现在、引领未来发展。

在全球智库中，当属美国智库数量最多、质量最高、影响力最大，美国也当之无愧地位列世界智库综合排名的第一。其中，兰德公司、布鲁金斯学会、卡内基国际和平研究院、战略与国际研究中心名列前茅。美国智库中许多有名的智库都长期从事全局性、战略性、综合性的课题研究，为美国的内政、外交政策制定战略与战术性规划。美国的有些智库在影响公众舆论、引领社会思潮中也发挥着举足轻重的作用，成为美国文化、价值观和美国精神的助推者，是美国影响世界的思想策源地。美国智库因此也被一些专家视为美国继立法、行政和司法机构之后的重要机构。

在今天，世界上许多国家越来越注重智库的作用，全球智库的发展也呈现出新的趋势。智库开始向综合化和专业化两个方向发展。综合性智库方面是大型智库的发展方向，这些大型的综合智库越来越具有综合集成能力，研究领域宽、全方位、跨学科、多体系化，其研究实力、规模和影响力越来越大。像美国的兰德公司一直在走综合性的发展之路，并将“综合性”作为公司发展的基本理念。兰德公司的研究领域广泛，包括政治、军事、社会、教育、健康、法律、科技、企业等众多领域，服务对象不仅仅是政府、军队还包括企业、非政府组织等。另一个发展方向就是，一些规模较小的智库，则利用自身的优势，主攻一个专业性强的领域，走专业化的发展道路。

今天很多智库已经开始走向国际化，面向世界其他国家提供服务，但是关系国家命脉的智库则一定要掌握在自己国家的手中。因为智库是一把双刃剑，一旦智库做出的研究和报告对国家的强盛和发展具有表面上的好处，而深远意义上可能造成强大的伤害，如果采用，等发现问题后就已经无法挽回了。一个隐藏着巨大阴谋的研究成果，可能会阻碍这个国家的发展，甚至使国家的强盛之路因此断送。

世界上很多智库虽然对外宣称是独立和客观地进行研究，但是这些智库实际上都与所在国的利益和意识形态密切关联。比如，美国许多智库，很多都努力弱化自己的意识形态立场，而巧妙地通过智库的研究成果将有关的意识形态因素整合到研究报告中，以实现其意识形态价值追求和美国的国家利益，这种形式值得很多国家的智库加以借鉴和学习。

第四节　大数据时代的信息情报收集与分析

随着新技术时代的到来，计算机和互联网等新技术领域的信息情报收集与分析，不同于传统的信息情报收集与分析的新领域。在互联网时代，信息以爆炸式增长，这是大数据时代来临的标志，信息情报收集与分析的技术难度也随着数据量的加大而加大。但是，在先进的计算机数据分析领域，大数据使得信息情报收集和分析变得更加精确，也使国家有关决策更加准确和更具针对性。

世界的变化越来越快，国家间的竞争越来越激烈，国家各个领域对数据和信息的需求越来越准确和具体，这是当今世界国家发展的重要特征。

国家要要获得竞争优势，就要比竞争对手更快更准确地获得相应的数据、信息、情报，以更准确了解自己和及时掌握竞争对手的变化，因此国家相应的决策周期必须比竞争对手更短，决策的信息数据比竞争对手更充分有效。这就对传统的信息情报收集与分析体系提出了更高的要求。

随着大数据时代的到来，国家对各类数据、信息情报的获取拥有了更广泛和便利的渠道，这些数据情报对国家决策质量的提升起到了重要作用。过去那些引人入胜的间谍传奇故事，今天只是小说中的故事。面对互联网和大数据时代给我们带来的数据和信息情报，远远比小说中的故事更加复杂和广泛。在未来的战争中，最有利的武器已经不是威力强大的核武器，而是那些能够在经济竞争和数字战中充分利用电子科技力量的国家。未来国家的情报体系必将是以信息为基础的数据情报体系，信息将是每个强盛国家必须把控的战略根本。

传统的数据、情报收集和信息分析技术，在以互联网为基础的大数据时代正在发生着历史性的变革，是考验一个国家信息处理技术的全新课题。互联网已经彻底地改变了人们对信息搜集的模式。在信息情报的分析和研究中，大约有 90% 以上是可以通过公开途径获取的信息。互联网已经成为一个全球性的人类知识宝库，也是获得信息情报的最佳途径之一，已成为强盛国家发展所必须借助的信息平台。在这个先进快捷的互联网信息共享过程中，用高性能电脑对数据、情报等信息的分析处理，就可以发现隐藏在互联网中的有价值的信息，为国家的强盛注入信息的活力。

第五节　数据、情报和智库是国家强盛的指路人

国家如何发展，国家组织结构和政策如何制定，国家战略的方向定位等，所有有关国家发展与强盛政策的制定和决策，都需要智库来进行研究、论证和制定，最后送交给国家决策层来做最终决策。

智库是国家发展和强盛的指路人，如果一个国家的智库没能担负起这

个重任，在国家的发展方向偏离了国家的国情时，智库给出的发展方向和发展战略不合适甚至是错误的，那么这个国家发展与强盛的结果一定不会令人满意。

以美国为例，我们看智库对国家的重要作用，在美国专门或主要从事国家战略问题研究的智库比比皆是、成果卓著，而且涵盖了政府内部、民间、大学等多个层面，对美国的全球发展战略产生着深远影响。美国政府所属的和平研究室、国防科技委员会、防务分析研究所、亚太安全中心等专业政府智库和以兰德公司、战略与国际研究中心、华盛顿预算研究评估中心为代表的民间智库，在世界上都声名卓著。在美国军方，还有海军分析中心、国防信息研究中心等专门为军队建设提供专门研究的智库。

美国智库中的研究人员学识素养过人，很多人都在国家或军队中担任过重要领导职务，他们在理论和实践方面经验丰富。美国智库和政府之间有着通畅的人员转换机制，这种机制被称为“旋转门”。美国前国务卿基辛格就曾任职于著名智库哈佛大学国际事务中心，“软实力”概念的创始人、美国前助理国务卿约瑟夫·奈也曾在哈佛大学国际事务中心工作过。这些专家在智库从事专业研究的同时，他们也有机会在政府部门任要职，所以美国智库研究成果可以直接指导美国的政策制定和实施。美国的这种“旋转门”机制使得美国的智库人员避免脱离现实的研究，也使智库能够直接影响决策者的政策实施。

著名的美国兰德公司就是在美国陆军航空队司令亨利·阿诺德上将的倡导下建立的。兰德公司最著名的案例就是有关朝鲜战争的报告，当时兰德公司的报告明确提出“中国将出兵朝鲜”的战略预判，希望以 200 万美金的价钱将研究报告卖给美国政府，但是美国政府由于嫌价格高没有购买。朝鲜战争的事实证明兰德公司的报告是十分准确的，但是为时已晚。麦克阿瑟将军曾懊恼地说：“我们最大的失策是舍得几百亿美元和数十万美国军人的生命，却吝啬一架战斗机的价格。”兰德公司的研究报告也成功地预测了苏联将发射世界上第一颗人造卫星，直到今天，美国的对华战略政策也是兰德公司制定的，这就是对华“遏制加接触”战略。

20世纪影响世界格局变化最主要的事件就是苏联的解体，苏联的解体使得美国成为世界上无可比拟的超级大国，这是美国在发展和强盛的道路上继美国独立、门罗主义、南北战争、第二次世界大战之后最辉煌的一页。在促使苏联解体的一系列战略和战术问题上，美国的智库功不可没，可见智库在国家强盛和发展的道路上作用有多强大。

同样，美国的对外战略很多都与美国的智库密不可分，比如伊拉克战争，美国智库向布什政府提出了“对伊拉克开战”的建议，这项建议被美国政府采纳，转为了战略实施。伊拉克战争对世界的格局产生了深远的影响，今天中东格局的变化都是由伊拉克战争引起的，伊拉克战争的影响依然给中东乃至世界的格局，带来不可预知的未来影响，还将对美国及全球的经济、政治和军事战略格局产生深远的影响。

此外，美国智库还致力于成为全球话语权的领导者，许多美国智库通过向全球媒体推出他们的政策主张和思想观点，用以达到影响全球舆论和其他国家政策与决策的目的。许多智库的思想和观点被全球媒体和舆论关注和引用，比如全球变暖、碳排放、颜色革命等。这些公共政策的研究，其最大的特色是以美国独立智库为主体，这些独立智库在公共政策制定中发挥了巨大作用；其最大的优势是有其深远的历史根基和丰富的经验积累。美国通过充分运用智库积蓄强大的国力，最终成为世界舆论的主导者。

国家的强盛就是国家实力的壮大，在追求国家实力壮大的过程中，以经济、科技、军事等为代表的国家硬实力，以及以文化、意识形态、信息传播等为代表的国家软实力，综合起来就是国家的综合实力。如何提高国家的综合实力是国家总体考虑的问题，当然除了在科技、经济、人才、教育、军事、文化等方面进行人力和财力的投入之外，最根本的核心还是国家对于数据、信息、情报、智库等方面的重视，充分发挥和利用智库的作用。对国家的发展战略进行研究和应用，使智库成为国家强盛的指路人。

战略来自于思想，思想根植于数据和信息，在国家通往强盛的道路上没有捷径可循，只有通过以数据、信息和情报为基础的高水平智库的分析和研究成果，来制定面向这一宏大目标的战略构想。回望历史，很多战略往往来自于君王的雄心和权力欲望，带有强烈的个人英雄色彩。展望未来，战略的产生过程则一定是基于真实的数据、信息和情报的科学研究成果。而智库就是最好的国家政策、战略研究以及战略、战术方案制定的机构。智库这样的现代社会机构对于国家和社会具有举足轻重的作用。所以，智库作为一个国家的重要机构，它在国家政策战略制定与公共政策的研究和决策方面水平的高低，必然直接影响国家兴盛与衰落，因此保持国家智库的水平和能力就是保有国家实力。

第十二章　国际关系奠定强盛

国家想要成功走向强盛之路，离不开复杂的国际环境。如何在复杂的国际环境中创造出有利于国家强盛的国际条件，离不开高超的国际战略和纵横捭阖的国际关系塑造。在通往强盛之路上取得成功的国家，它在国际关系上需要做到：在快速崛起的道路上不仅要满足自己的需求，在获得国家最大化强盛的同时还要平衡好、维护好、满足好国际体系中国家的需求，做一个"三好"学生；在国家强盛到可以重新建立新秩序时，才能谨慎地对新秩序做出调整。

在通往强盛的道路上，当今世界中的国家将不再是孤立的发展与强盛，而是要在全球范围内进行考虑。全球性问题也是摆在每一个通往强盛之路上的国家所面临的巨大考验，成功的关键在于如何把握和调整国际关系。

第一节　国际关系与强盛的关系

任何国家在走向强盛的道路上都离不开国际关系，应处理好崛起过程中复杂的国际关系，制订一整套不同阶段的国际关系战略方案，并根据实际情况加以灵活调整，但是一切调整都不能偏离国家强盛这个核心战略目标，这是处理国际关系与国家强盛关系的核心原则。

在国家强盛与国际关系方面做得出色的是普鲁士王国宰相奥托·爱德华·利奥波德·冯·俾斯麦，人称"铁血宰相"。可以说俾斯麦是 19 世纪德国最优秀的国际关系专家，他在担任普鲁士王国首相期间通过一系列铁血政策，统一了德意志，俾斯麦通过高超的政治手段和国际关系处理水平，奠定了统一、强盛的德意志王国，他还通过立法，建立了世界上最早的工人养老金和健康医疗保险制度。他对德国统一做出了巨大的贡献，是公认的国际关系方面的杰出政治家。

俾斯麦在国际关系上纵横捭阖，使他成为当时欧洲国际政治舞台上的风云人物。由于特殊的出身，俾斯麦领导当时的普鲁士内阁时只有 47 岁。他在 1851 年被任为普鲁士驻法兰克福议会的代表时，对当时中欧的政治与外交局势就有了自己的全新理解，他强烈地感到维持现状使普鲁士没有发展出路。他意识到与奥地利的密切合作的危机，他说这是“将我们那些云杉木制造的搏击风浪的快船和奥地利千疮百孔的旧战舰捆绑在一起”。当法奥在意大利的战争危机影响到欧洲政局的时候，驻俄国大使的俾斯麦成为各方拉拢的重要角色，他在俄国时对东方问题密切关注，有着自己的主张。

威廉一世上台后，俾斯麦被任命为宰相。在著名的“铁和血”的演讲中，他主张德意志的未来不在于普鲁士的自由主义，而在于强权，“普鲁士必须保存它的实力，等待良机，这样的良机已经错过了好几次。普鲁士的边界现状与正常的国家生活是不相适应的。当前的种种重大问题不是演说与多数原则所能决定的……要解决它只有铁和血”。

在法国巴黎的时候，俾斯麦就对理查德·梅特涅主动表达普鲁士在北德意志取得政治、经济和军事主导权的意图。如果维也纳不配合，他威胁说将毫无顾忌地采用“任何手段”以保证普鲁士的领导地位。当俾斯麦向奥地利驻柏林大使卡罗伊大胆提出“奥地利应当将它的政治重心由德意志移往匈牙利”时候，很多奥地利高级官员并不在意他的说法。后来弗朗茨·约瑟夫召集所有德意志王侯云集法兰克福，要改变德意志的未来，这是哈布斯堡王朝想在德意志邦联中赢得领导权。当时德意志各邦都同意参加，只有普鲁士的威廉一世态度暧昧，当时俾斯麦坚决反对威廉一世参加这次集会，俾斯麦绝不会让奥地利有机会得到领导德意志的地位。当萨克森国王受全体德意志王侯之托盛情邀请威廉一世前往参加德意志大家庭的兄弟聚会时，他感到有不可抗拒的吸引力："30 位德意志亲王的邀请，信使还是个国王！叫我如何能够拒绝呢？"但是俾斯麦强烈反对，认为前往法兰克福，则意味着承认哈布斯堡王室在德意志的领导权，留在巴登巴登才会破坏维也纳的计划，树立普鲁士在德意志邦联和欧洲的强国地位。最终威廉一世在俾斯麦的强烈反对下彬彬有礼但态度坚决地拒绝前往参加。后来普鲁士还拒绝了奥地利加入关税同盟的要求。俾斯麦的这些政策对两国未来的强盛走向来说，是一个历史性的关键点，为德意志的强盛和哈布斯堡王朝的衰落打下了坚实的政治基础。

当时俾斯麦利用高超的外交手段，成功地赢得了沙皇对普鲁士的认可，使奥地利在国际关系上失去了外交主动权，从而成功地孤立奥地利。最终在 1866 年彻底打垮奥地利，建立北德意志联邦。俾斯麦在外交政策上，利用高超的智慧掌控着当时的国际关系局势，借助多边外交机制来应对复杂多变的国际问题，成功的孤立了法国。利用西班牙王位继承问题挑拨法国主动对德意志宣战，取得了外交上的主动权，并在军事上打败法国，进而建立德意志帝国。

从俾斯麦一些列的国际政治和国际关系的手段上看，他在国际关系上是务实主义的智者，一切以德意志帝国的根本利益——统一与发展为目标。他从不放过任何一次国际机会，在他铁血领导下德意志帝国得以建立，也为德国未来的强盛奠定了坚实的基础。所以，处理好国际关系是国家强盛和崛起的关键因素，国家关系处理得好，国家走向强盛的外部阻力就会减少。成功崛起的国家必定是国际关系处理得当的国家，而在通往强盛之路中失败的国家，一定是在国际关系处理上出现了严重问题。

第二节　国际政治与国家强盛

在国际政治的舞台上，每个国家都不希望对方强大，每一个国家都极力维持和发展自己的优势，同时想尽一切办法削弱对方。在国际上，众多的国家因为实力的强弱、利益诉求的异同、相互依存度的大小等因素，国际关系十分的复杂和微妙。这些复杂和微妙的国际关系处理得好，可以使通往强盛的道路障碍和阻力变小，助力变大，处理得当的国际关系是一个国家成功走向强盛的必由之路。

在国际政治的舞台上，处理好国际关系对国家强盛是多么重要，我们回顾一下第一次世界大战的前后经历就可得出处理好国际关系的重要性！

在俾斯麦领导时期，刚刚统一的德意志帝国还较少参与争夺海外利益。后来由于国内商人势力兴起，商人要求德国政府争取海外资源和市场。威廉二世上台后随即罢免了俾斯麦，德国因此失去了一个纵横捭阖的国际政治领袖。目光短浅的德皇认为德国殖民地太少，原料产地及商品市场不足，就又实行了“世界政策”，要求重新划分全球的势力范围，这触犯了当时国际大国的利益底线。导致两大军事集团进行激烈的军备竞赛：德国于 1900 年制定海军法，将海军规模大加扩充；英国为保持海上力量优势以维持安全，在 1905 年开始建造无畏舰，并在 1907 年德国开始建造无畏舰时实行二对一海军政策，即保持自身无畏舰数为德方之两倍以相应付，在第二次摩洛哥危机后，又联同法俄两国实施三国海军联防，即英国在北海、法国在地中海、俄国在波罗的海分别对付德奥两国海军。在陆军方面，从 1880 年到 1913 年，德国常备军由 42 万扩充至 87 万，法国则由 50 万扩充至 80 万；俄罗斯也准备由 80 万增加到 230 万，可是最后虽未达标，但陆军已有 140 万，是全欧之冠，不过其战斗素质不佳，无法和德法两国的陆军相比；奥匈的军队由 27 万扩充至 80 万，意大利由 20 万扩充至 35 万，而奥意两国的陆军素质都不如德法，最后美国也响应欧洲紧张局势将军队数由 3.4 万扩充至 16 万。

两次摩洛哥危机也使德国与英、法两国结怨更深，而德皇还扬言不会再退让，这使战争危机迫在眉睫。当巴尔干同盟与奥斯曼土耳其爆发第一次巴尔干战争后，奥斯曼土耳其大败，1913 年 5 月 30 日与巴尔干同盟签订《伦敦条约》，宣布放弃除君士坦丁堡外所有在巴尔干半岛的领地。保加利亚取得马其顿，塞尔维亚因为得不到亚得里亚海的出海口而感到不满，因此巴尔干同盟出现分裂。1913年6月1日，塞尔维亚与希腊结盟，预备进攻保加利亚，罗马尼亚于其后亦加入塞希同盟。6月29日，第二次巴尔干战争爆发，奥斯曼土耳其亦对保加利亚宣战。结果保加利亚大败，8月10日与各参战国签订《布加勒斯特条约》，多布罗查北部由罗马尼亚取得；马其顿则被分成三部分，其中瓦尔达尔·马其顿划归塞尔维亚，皮林·马其顿划归保加利亚，爱琴·马其顿划归希腊。这引来了奥匈帝国的不满，因为塞尔维亚在这两次巴尔干战争里获得的利益太大，威胁其在巴尔干半岛的地位，而俄国则借由塞尔维亚插手巴尔干半岛事务，结果与奥匈帝国的冲突加深，使得大战一触即发。

1914年6月28日上午9时，波斯尼亚青年普林西普在萨拉热窝刺杀主张吞并塞尔维亚的奥匈帝国皇储斐迪南大公夫妇。这一事件被称为萨拉热窝事件，被认为是第一次世界大战的导火线。一个月后，奥匈帝国向塞尔维亚宣战。7月30日俄国动员，出兵援助塞尔维亚。8月1日，德国向俄国宣战，接着在3日，向法国宣战。8月4日，德国入侵保持中立的比利时，比利时对德国宣战；同日，英国考虑到比利时对自己国土安全的重要性，和早前为了确保比利时的中立而在1839年签署《伦敦条约》，于是向德国宣战。8月6日，奥匈帝国向俄国宣战，塞尔维亚对德国宣战，意大利宣布中立。8月12日，英国向奥匈帝国宣战。第一次世界大战爆发。

在战争爆发之前几年，德国总参谋长阿尔弗雷德·冯·施里芬已制定了以速战速决为主要特征的施里芬计划，与此相对应，法国也制订收复普法战争后被割让给德国的阿尔萨斯和洛林两省的17号计划。但是这两个计划都失败了，战争后果远远超出了他们的计划。

经过激烈的战争，到1915年春，英法联军趁德军主力集中在东面战线，发动了香巴尼和阿杜瓦两轮攻势。但因为沿用旧战术，而且欠缺强大火力掩护，结果被德军成功抵挡，己方反而伤亡惨重。该年4月德军反击，并首次使用毒气，使双方的损失更为惨重。结果1915年的西面战线，英法联军死伤百万人，德军亦死伤61万人，但战事仍然胶着。

1916年2月，东面战线的压力稍为降低，德军主力再次移师至西线，与法军进行凡尔登会战。结果在激战 7 个多月后，德军仍不能攻取凡尔登。而英法联军为了制衡德军，在该年 7 月初在索姆河一线对德军发动索姆河战役，战况更为惨烈。英军虽然在这场战争里首次使用坦克，但双方在伤亡共约 120 万人后，战事仍未有重大突破，并持续至该年 11 月，西线再次变为胶着对峙状态，不过协约国开始掌握战争的主动权。

1917 年 2 月 24 日，美国驻英大使佩奇收到齐默曼电报，称如果墨西哥对美国宣战，德国将协助把美国西南部还给墨西哥，于是美国以此为借口，在该年 4 月 6 日向德国宣战。1917 年 4 月，法军于西线开展春季攻势，与德军在兰斯和苏瓦松之间进行会战，历时共一个月，但法军在伤亡 10 万人后却仍未有进展，引起了法国士兵的骚动。战事再度胶着，而法军因内部骚动，无力防御，只得由英军负责西线防御。在该年下半年，美国提供的装备到达欧洲，英军于是在西线猛攻，但在损失 100 多万人后，仍无法改变战事的胶着状态。

1917 年，东线因俄国发生二月革命并退出战争而结束，德军立即集中于西线，意图在美军到达欧洲之前，于 1918 年夏季打败英法两国，以扭转局势。1918 年 3 月至 7 月，德军接连于西线发动 5 次大规模的攻势，头两次攻势在损兵 10 万后仍无所获。而美军则已到达欧洲，使协约国兵力大增。该年 5 月底，德军发动第三次攻势，这次成功突破法军的防线进逼至距巴黎仅 37 公里之地，但并不能歼灭英法联军的主力，而德军则损失 10 万人。在 6 月 9 日至 6 月 13 日这 5 天，德军发动第四次攻势，企图将德军在亚眠和马恩河的两个突出点接连起来，以集中兵力攻击巴黎，但并未能成功。7 月 15 日，德军发动第五次攻势，但在损失 15 个师后，因无所获，德军军力反而消耗殆尽，只得撤退至兴登堡防线，从此只能作消极防御。

在东面战线上，1914 年 7 月 28 日，奥匈帝国因为德国向其开出“空头支票”，因此信心大增，与塞尔维亚断交并对其宣战。俄国则宣布全国总动员，以支持塞尔维亚，这引起德国的不满。8 月 1 日，德国以俄国拒绝停止全国总动员为借口向俄国宣战，并同时在西线进侵比利时。8 月 4 日，英国将比利时视为其自身安全的关键，因此对德宣战。8 月 6 日，奥匈帝国向俄国宣战。

俄军乘德军在开战之初，集中兵力在西线之际，在东线向德军发起进攻。8月下旬，俄军进入东普鲁士，并逼向德国的心脏地带，德军被逼从西线调兵回援。德国援军行动迅速，很快便抵达东线，并于科穆辛森林附近消灭数万名俄军，使得东线战局发展受到德国控制。9月11日，俄国的第一集团军再度被击败，德军进逼至俄国境内，俄军损失共25万余人。在南线方面，俄军开始时在加里西亚和布柯维纳屡次击败奥匈帝国的军队，但德国随后对奥匈帝国提供支持，结果到12月中旬，东线战事亦进入胶着状态。

1915年，德军因为西线的马恩河会战失败，决定先集中兵力击溃俄国，逼使俄国停战，从而结束东线战事，并且避免继续陷入两线作战的困局，东线于是变成主要战场。1915年5月，德奥联军以18个师和2000余门大炮，分兵两路进击俄军，并计划将俄军逼至"波兰口袋"内歼灭。双方交战8个多月，德军攻占普热米什尔、莱姆堡、伊凡哥罗德、华沙、布雷斯特、维尔诺及里加，并逼使俄军撤退至从里加湾到德涅斯特河一线，俄军共损失170多万人。德军虽然大胜，但也损失极大，而且并未消灭俄军主力，结果并未使俄国投降。

德国为了牵制俄国，于是答应向奥斯曼土耳其提供一亿法郎的贷款，以换取其参战。于是土耳其于1914年10月29日正式参战。并在高加索对俄国发起进攻。俄军初时作战不利，但于1915年1月发动反攻，土耳其的第九集团军被歼灭，共损失约7万多人。

1915年5月，意大利因为英法答应在战后分得阜姆和达尔马提亚，于是投向协约国一方，对同盟国宣战。意军虽然实力较弱，交战初期即损失近30万人，但却成功拖住了奥匈帝国40个师的兵力，缓减了俄法的压力。1915年9月，保加利亚加入同盟国，并出兵30万，配合德奥联军攻击塞尔维亚，结果同盟国很快便占领塞尔维亚全境，塞尔维亚政府及军队被逼撤退至希腊的克基拉岛。

1916年春，俄国调集3个方面军共200万人向德奥联军发动反攻，在激战一轮后，双方各损失百万兵力，但俄军兵力较多，因此逼退德奥联军，并乘胜攻进加里西亚东部地区。罗马尼亚亦于该年 8 月向同盟国宣战。德奥联军于是决定攻取罗马尼亚，以夺取石油和粮食补给权。结果罗马尼亚首都布加勒斯特很快便沦陷，德奥军队占领大部分罗马尼亚国土。

协约国军队为了解除俄国在高加索被奥斯曼土耳其牵制的困局，于是决定联合进攻奥斯曼土耳其的首都君士坦丁堡。1915 年初，加里波利之战爆发。协约国先后有 50 万士兵远渡重洋来到加里波利半岛。在将近 11 个月的战斗后，共约 131，000 人死亡， 262，000 人受伤，结果被迫撤退。这场战役是第一次世界大战中最著名的战役之一，也是当时最大的一次海上登陆作战。

俄国本身为农奴制的经济体系，经不起东线持续的战事，结果其国内经济崩溃，工厂倒闭，失业率骤增，军火补给极度困难，士兵极度厌战。1916 年冬，俄国内部各种矛盾加剧，首都莫斯科的罢工人数更达至百万人以上，结果在 1917 年 3 月爆发二月革命，沙皇尼古拉二世退位。新组成的克伦斯基临时政府仍然继续战争，但又被德奥联军击败。结果俄国工人及农民忍受不了，就在 1917 年 11 月，由布尔什维克党领袖列宁领导了一场武装起义，推翻了临时政府的资产阶级政权，建立了苏维埃政府和第一个社会主义国家，史称“十月革命”。列宁在其后与德国签署布列斯特—立陶夫斯克条约，并宣布退出第一次世界大战。

德国的各盟国——奥斯曼土耳其、保加利亚及奥匈帝国却因持续作战，致使经济崩溃，国内各民族发生起义，结果无力再战，相继向协约国求和。最后德国内部亦发生政变，德国首都柏林亦发生十一月革命，德皇威廉二世只得宣布退位，并逃至荷兰，德国社会民主党组成临时政府，宣布成立共和国。并向协约国求和。在签订《贡比涅森林停战协定》后，历时 4 年零 3 个月的第一次世界大战以协约国的胜利告终，第一次世界大战结束。

第一次世界大战起因就是因为德国在崛起的过程中没有处理好国际关系与国家强盛之间的问题，德国在没有足够实力和把握的情况下，过高地估计自己国家改变世界秩序的能力，因此导致国家强盛受到遏制。所以，国际关系对于国家强盛是十分巨大的影响因素。

第三节　外交与国家强盛

中国古代名著《孙子兵法》中的“上兵伐谋”就是战略上的运筹，“其次伐交”就是体现出外交手段的重要作用。所以，在国际关系处理中，外交手段是主要方式。优秀的外交战略、纵横捭阖的外交人才和各种相辅相成的外交方法和外交手段，使得外交成为一个国家在通往强盛的道路上，处理好国际关系乃至国际危机的至关重要的协调手段。

20世纪60年代的古巴导弹危机就是关于外交的著名事件，这次危机差一点儿将世界带到了核战争当中。当时苏联在古巴除了部署了可装载核弹头的弹道导弹之外，还部署了100枚战术核武器，更危险的是在古巴的苏联指挥官无须等待来自莫斯科的指令就可以发射。当时美国已经计划对古巴实施的军事行动，将引发对美国的舰艇和军队，乃至对美国本土的全面核报复，核战争的结果则可能导致1亿美国人和超过1亿苏联人死亡。而成功的外交手段，避免了这一有可能成为人类历史上最大核战争的悲剧。

古巴导弹危机起因是苏联企图将核导弹偷运进古巴，但在1962年10月被一架美国间谍飞机发现，而古巴安装核导弹的地方距美国海岸只有90英里。当时的美国总统肯尼迪对苏联这一行为十分震惊。他与相关人员研究后，向世界宣布了这一发现，并声明将在海上设置封锁线阻止苏联的行动。为了阻止苏联将已经运抵古巴的导弹实战化，在接下来的一星期里，肯尼迪与苏联领导人赫鲁晓夫针锋相对，双方都没有退让的意思！

肯尼迪展示了苏联在古巴部署导弹的情报，公开与苏联对抗，要求其撤出古巴。他清楚地认识到，此举可能会引发战争。肯尼迪告诉克里姆林宫，他们将要为任何来自古巴并针对美国的攻击负责。他在第一次公众演讲中就表明，“美国的政策是，任何从古巴发射的，瞄准任何一个西半球国家的核导弹都将被视为苏联对美国的进攻，并会引发来自美国的全面报复。”

在面对赫鲁晓夫时，肯尼迪知道，他的一些命令带来的可能不仅仅是常规战争，而是核战争。他将美国核警戒响应级别提升到二级，表明他可能无法完全控制美国的核武器，其他人也有可能不经他授权实施核攻击。举例来说，土耳其飞行员可以驾驶装载核弹的北约飞机，并进入警戒状态，这意味着飞行员可以自主决定是否飞向莫斯科并扔下炸弹。肯尼迪也认识到，有必要在短期内增大发生战争的概率，以遏制在长期内发生战争的可能性。他所考虑的不仅仅是古巴，还有极可能发生在西柏林的对抗。在古巴的成功可能会使赫鲁晓夫增强其在任期内解决柏林问题的勇气，也会使其逼迫肯尼迪接受苏联占领柏林的现状以及图谋在柏林部署核武器。

10 月 26 日，星期五。赫鲁晓夫给肯尼迪写了一封被白宫形容为“冗长、杂乱无章、漫无边际”的信，它“显然是在情感冲动下写的，充满着要避免核战的激情”。在信中，赫鲁晓夫承认苏联导弹在古巴的存在，但把它们说成是纯粹防御性的。然后他说，他深切地渴望和平，让我们不要把这种局势弄得不可收拾吧，强行实行隔离只会使苏联采取它自己认为必要的措施。但是，如果美国做出不会入侵古巴，也不允许别人入侵的保证，并且，如果它撤回自己的舰队，不再搞隔离，这就会使一切马上改观。

1962 年 10 月 27 日，就在美国总统答复赫鲁晓夫来信之前，国家安全委员会执行委员会又收到了苏联领导人发出的第二封颇为冗长、带官腔的并带有更大火药味的信件，信中包含着实质上不同的立场，其实质是谋求实现一种相互交换。

“我的这一建议是：我们同意从古巴撤走那些您称为进攻性的武器。我们同意这样做并同意在联合国宣布这一承诺。您的代表则必须发表一个声明，大意是就美国而言，考虑到苏联的忧虑和关心，将从土耳其撤出类似的武器。我们可就双方何时将其付诸实施达成一项协议……”

肯尼迪立即拒绝了这种交换方法。他没有答复这封信，但白宫发表了一份声明，指出土耳其与古巴危机毫不相干。这封信既反映出克里姆林宫内部意见的不一致，又使美国对苏联的意图更加捉摸不定，因而使局势又复杂化了。此时，全世界所有的美国核部队和常规部队都已经奉命准备随时行动，一支庞大的入侵部队也聚集在佛罗里达。双方剑拔弩张，战争一触即发。

美国官方估计，在古巴的几个发射场已处于发射状态，在这种情况下对导弹发射场的任何直接空袭都可能造成美国城市上空的热核爆炸。肯尼迪和国家安全委员会执行委员会权衡了赞成与反对从土耳其撤除导弹的两种主张，讨论了空中打击和入侵的时间表。

正当国家安全委员会执行委员会在激烈紧张地辩论应采取什么对策和一筹莫展的时候，罗伯特·肯尼迪，想出了一个摆脱危机的办法。他说，为什么不可以不理睬赫鲁晓夫的第二封信而只回答第一封信呢？

他向赫鲁晓夫发出了接受他 10 月 26 日星期五“提议”的信：

亲爱的主席先生：

我非常仔细地阅读了您 1962 年 10 月 26 日的来信，对您表示愿意迅速谋求一个解决办法的声明表示欢迎。然而，需要做好的第一件事是，在联合国的有效安排下，停止在古巴进攻性导弹基地上施工，并使古巴一切可供进攻之用的武器系统都无法使用……

但是让我强调一下，其首要的因素还是要在有效的国际保证之下，停止在古巴的导弹基地上的工作，使这一威胁继续存在下去，或者使这些问题同欧洲和世界安全的一些广泛问题联系起来而拖延这一有关古巴问题的讨论，肯定将会加剧古巴危机并严重危害世界和平。因此，我希望我们能按照此信和您在 1962 年 10 月 26 日的信件中提出的办法迅速取得一致意见。

其实，本质上来说就是肯尼迪的助手在最终的星期六给肯尼迪的选项：要么进攻，要么接受苏联将核导弹运进古巴的现实。但是肯尼迪两个都拒绝了。他起草了一个包含三个方面内容的替代方案：第一，美国公开承诺永不入侵古巴，苏联撤出部署在古巴的导弹；第二，私下的最后通牒，苏联不接受这一提议的话，美国将在 24 小时内进攻古巴；第三，额外的“甜头”，即苏联撤出在古巴导弹的六个月后，美国将撤出其在土耳其的导弹。这一“甜头”被严格保密，甚至大多数紧急事务委员会的成员都被蒙在鼓里，总统亲自派他的弟弟鲍勃·肯尼迪向苏联大使传递这一信息。

10 月 27 日，星期六，是决定性的一天。在最后关头，赫鲁晓夫接受了美国永不入侵古巴的承诺，并撤出在古巴的导弹，古巴导弹危机和平化解。

在古巴导弹危机的历史时刻，加强沟通避免大战，利用证据获得主动权，外交手段起到了重要作用。当时的肯尼迪政府还应用控制论方法来进行危机决策模式的分析，为将来国家间的危机提供了可供借鉴的危机解决模式。

古巴导弹危机已不仅仅是冷战的转折点，同时也为如何化解冲突，管理超级大国之间的关系，如何制定好的外交政策提供了指导。正是由于恰当的外交手段，才使世界避免了核战争，也使美国在强盛的道路上得以更好的发展。所以，国家更需要良好的外交来保证强盛发展之路不被国际事件干扰，以免造成强盛发展的中断。

第四节 国际关系与未来世界格局

随着冷战的结束，进入 21 世纪，世界格局发生了翻天覆地的变化。在可以预见的未来，美国一国独霸的世界格局，必将随着时代的发展而改变。俄罗斯的快速崛起，中国的强大，欧盟走向成熟，印度的奋起直追，日本走出低迷向军事强国转变，巴西的发展，世界仿佛又是一个两千年的轮回，世界进入新的类似中国古代的春秋战国时期的状态。

历史是如此的相似，联合国有点儿像春秋时期的周王朝，联合国的五个常任理事国，有点儿像春秋五霸，但是新生势力的崛起使得五霸力量逐渐分化，当今世界正向战国时代演变。在未来的国际关系中，相互作用的国际关系虽然向着相互依存的方向发展，但是世界的竞争并不会停止，国际关系中的相互合作只是为了各自的国家利益，深层次的核心矛盾依然没有更好的国际准则来调和，世界依然是丛林法则在主导着国际秩序。

任何国家都要明白国际间的竞争已经越来越白热化，从人类历史的演变规律来探讨和分析未来的国际关系和未来的世界格局可以推出一个很相似的归宿，国际关系必然由丛林法则的无政府状态，逐渐演进到有规则的政府管辖状态。这将是人类历史发展长河中最为重要的历史节点，只有这样人类的未来才不会有太多的悲剧和屠杀。

通过和中国古代的历史演变相对比来分析，在古代中国春秋战国时期，秦以武力统一六国，建立了大一统的帝国——秦帝国。未来的世界必将随着信息技术和智能技术的发展，成为一个统一的政府管辖状态，这已经在思想和技术上逐渐走向成熟。

当今的联合国模式只是国际政治管辖的一种最初状态，随着时代的发展和世界管理秩序的逐渐完善，未来可能有三种模式的政府管辖形态：一种是在充分体现世界各个民族国家和地区的基础上，基于现有的联合国体制，加强联合国的能力使得世界成为一个超大的联邦制的超国家体系。一种是由类似美国这样的国家通过民主或武力的形式建立一个全新的民主帝国体系。当然还有一种模式，那就是在一个超级强国的武力征服下，世界成为一个统一的帝国体系。

中国有一句古话：分久必合、合久必分。当今世界的国际政治状态已经太久了，这种丛林法则的世界秩序必将被更加高级的新的世界秩序所取代。人类因为战乱制造了太多的悲剧，为了避免这些悲剧，希望通过用人类的理性来遏制战乱。

未来的国家理念和形式也许是我们难以预料的，但有一种可以肯定的那就是未来世界国家的格局和理念在变化，它的变化一定会影响未来世界的国家形态。全球化、对外开放、世界一体化、贸易一体化、互联网、无线互联，尤其是智能技术的发展，正在开启新的超国家政体。

第五节　未来大国体系探讨

未来的大国体系是什么样的呢？这个问题如同 3D 打印机在透明的液体

中进行新体系的打印。当这个体系在孕育的过程中时，我们能感到一个新的体系在建立，但是透过透明的液体树脂我们看不到它的结构是什么样的，只有当它从透明的液体树脂池中推出时，我们才会知道它是什么样子的。

在未来，民族国家主权的衰落与世界帝国的崛起也许是不可阻挡的历史潮流，但是什么样的国家框架是未来新世界的组织结构。这个未来国际政治体系的超国家体系是人民恶梦的开始，还是拯救当前世界苦难的救世主，一切都不得而知。

试想如果有一天，类似美国这样强大的国家在互联网上发出，只要通过申请注册就可以成为该国的公民，那么世界格局将会是怎样？当一个沉浸于狂热的宗教信仰的组织，在全球建立一个分布于世界的国家体系时，世界格局将会是怎样？当一个国家的政治文化经济军事等，具有极大的震慑力时，世界又将怎样应对？而当这个国家的实力强大到任何国家都无法抗衡时，世界未来将会怎样？当今天的民族国家体系，面对在强大的互联网中建立的虚拟的无边界国家时，世界将会怎样？

种种疑问，为我们带来新的思考，什么样的未来国际政治体系是符合全人类的最大利益，我们要避免哪些悲剧性的结局，而把世界引向合乎人类总体利益的国际政治体系。今天世界的乱局，很明显是由于世界的国际政治格局所导致的，也是人类悲剧的主要原因之一。我们需要思考人类的未来国际政治体系，因为这决定着人类未来的命运。

第十三章　人才：强盛的战略资源

无论一个国家还是一个组织，它的根本因素是人。人的素质、能力各有不同，在某一方面具有优于普通人的能力和素质的人，就可以称之为人才。人才有些是天生的，但是更多的是学习和培养出来的，而如何把最优秀的人才用在最适合他发挥的地方是人才使用的关键。

对于国家来说，人才是国家强盛的战略资源。当自己国家无法找到合适的人才时，广泛吸引其他国家的人才，则是国家通往强盛之路上最便捷的人才政策。一个国家能否吸引到世界上最顶尖的人才，成为各个国家人才竞争的核心。

中国古代最著名的吸引人才的典故是燕昭王千金买马骨的故事，这个举动吸引了大量的人才入燕国，人才的聚集使得地处偏远、弱小的燕国快速地走向强盛。当今的美国是世界最强大的国家，美国每年吸引的各个领域的人才数量也是世界第一，可见吸引人才是多么重要。

无论是回望历史还是放眼当今，最强盛国家的人才选拔和任用制度，相对于同时代的其他国家也一定是最好的。在国家通往强盛的道路上，一定有杰出的思想家和政治家在发挥关键的作用。当一个国家因强盛而领先于同时代的国家时，这个国家一定在各个领域都有杰出的人才在发挥着他们的作用。

时代越是发展，人类社会的分工越是细致，对人才的种类和水平要求也越高，所以一个国家能否迅捷地应对时代的发展，并快速地培养出时代所需要的相应人才，以应对和保持相关领域的领先就十分关键。

拥有丰富的人才资源的国家，如何把合适的人才放在合适的位置，也是国家能否强盛的关键因素之一，这就需要国家有优秀的人才选拔和任用机制。没有人才可以吸引外来人才或者培养出来，拥有人才而不会使用人才，则是人才的巨大浪费，更可能使得自己的优秀人才被其他国家吸引而去，成为其他国家在相应领域领先的人才资源优势。所以，不能选拔和任用优秀人才的国家和组织必将衰落。

天下熙熙皆为利来，天下攘攘皆为利往——利益是吸引国家强盛所需人才的核心，只有国家给予人才最好的待遇，最优的条件，最高的荣誉，何愁人才缺乏。因此，应从国家战略的角度在制度上予以保障人才的各种利益。一个国家要把重视人才的战略上升到国家战略高度，这样才能夯实国家强盛的人才基础，进而制定最优厚的人才培养和人才吸引的制度，使得优秀人才资源丰富。有了丰富的人才资源，再加上最好的人才选拔和任用制度来科学合理地使用人才，充分发挥各种人才的能力，才能为国家强盛奠定坚实的人才基础。

在智能核心型社会中，人才是代表国家先进和强盛程度的关键因素，而掌握核心技术的人才是否具有人类的善良、正义和理智，决定着智能核心型社会中人类命运的发展变化。

第一节　人才的战略意义

“十年树木，百年树人。”中国的这句古话说出了人才培养的真正含义。人才培养是一项长期的任务，一旦人才培养出现断层，那么这个国家在未来的某一时刻，一定会出现人才的断层，导致国家因人才问题在相关的领域落后或缺失。因此，要制定国家人才发展战略，还要把人才当成国家的战略资源。

一个国家想要强盛，首先人才是基石，站在国家当前和长远发展的角度，制定一个适合国情的国家人才战略是必不可少的重要环节。国家人才战略是为实现国家的经济和社会发展目标而制定的。在这个国家战略中要把人才作为一种战略资源看待，从人才的培养、人才的吸引、人才的选拔、人才的任用和人才的待遇等着手，国家政策和国家制定方面制定国家人才制度和人才战略，要统筹全局、着眼未来、兼顾当前和长远的发展，制定宏观的、全局性的人才战略。

国家人才战略的核心是有针对性地培养、吸引、任用、发掘对国家当前和长远强盛发展有作用的人才，不是泛泛的人才策略，而要有针对性，这样才能节省国力。因为国家资源能力是有限的，要用有限的资源最大限度地培养、吸引、任用人才。

人才战略不仅要关注当下更要着眼未来，着重研究人才对推动国家强盛和长远发展的作用，实现人才强国战略的根本目标，并把人才作为推进国家强盛发展的关键因素。

人才作为战略资源，一定要按战略的原则进行长远的战略规划，作为人才战略的基础资本的投入是人才战略的根本。

人才作为国家战略资源，应该以教育和培训为基础，在此基础上还要很好地发现、培养、吸引、选拔和使用人才。国家人才战略的制度也要以此为核心，才能更好地发挥人才的价值，这就需要给人才以更好的待遇，更高的收入，更广阔的发展空间。

人才战略的实施，要通过多渠道、多途径的资本投入来实现。通过人才资源战略来促进国家强盛，首先要加大人才资本投资力度，实行人才资本投资优先战略，大力投资有利于人才发展和发挥能力的各项事业。一个国家要在人才战略的指导下，充分发挥人才的作用，为通往强盛之路铺就人才的光明大道。

第二节　人才的国家培养

人才的培养需要国家制定相关的政策和战略，在人才的培养过程里，国家要承担主要的责任，这是国家必须承担和不可推卸的责任。国家的强盛需要人才，建立人才的国家培养制度，使得人才能够按照国家的发展战略进行培养和教育，这将为国家在未来发展的过程中，提供人才优势，奠定坚实的人才基础。随着时代的发展，国家的各个领域都需要不同学科的优秀人才来参与国家的发展建设。人才成为国家强盛的重要因素，人才的国家培养体系使得国家的人才使用，具有明确和清晰的战略目标。

对于人才的培养，不仅要培养良好的知识和技术水平，更要培养良好的品德和社会责任感，培养较强的获取知识的能力和自我学习的能力，培养富有创新精神和创新能力的一流人才。

人才支撑着国家的发展，而国家发展也在造就人才，要形成国家发展与人才自身同步发展的良性循环，使得人才与社会同进步。国家为人才培养提供良好氛围，有了这个氛围，一个国家的的整体转型、升级和发展就走上了轨道，国家的未来就会充满无限的生机和活力。

第三节　国家人才政策

一个国家的人才政策，毫不夸张地说就是决定国家兴衰的政策。良好的国家人才政策可以使国家人才济济，不好的人才政策会使国家的人才大量外流，成为竞争对手的人才资源。人才决定国家众多领域的兴盛或衰败。从古自今，国家间人才竞争从来没有停止过，而国家间人才的竞争其实就是国家人才政策的竞争。中国古代著名典故中礼贤下士和燕昭王修筑“黄金台”，作为招纳天下贤士的方式，都是国家人才政策的一种形式。

进入 21 世纪以来，世界各国展开了无声无息的人才争夺战，尤其在发达国家，人才战略已经上升到国家重要的战略政策中。可以说，一个国家人才政策的优劣和这个国家吸引国内外人才的能力强弱，直接体现国家实力的强弱。作为当今世界第一强国的美国是世界上最发达的国家，其发展当然离不开它的人才政策。美国的人才政策分为开源和节流两方面，一方面降低人才准入门槛，所谓的降低门槛就是指放宽移民政策和增加签证名额，放宽外国技术人员的签证。美国是个移民国家，其发达的经济与优越的技术条件吸引着世界各国的人才。另一方面通过增加福利待遇，留住本国人才，降低人才外流。放眼世界，中国和印度是人才流失大国，也是世界上人才外流较为严重的国家。

一个国家的人才政策的好坏，就是要看能否留住本国人才和吸引外国人才，很多人认为一个国家的人才外流是因为不满意这个国家落后的发展条件、体制的不健全、低薪及政策僵化而放弃为国家发展做出自身的努力，其实这个国家应该反省的是为什么不在国家人才政策上进行改进。当国家人才外流和人才浪费的情况严重时，就应当检讨国家的人才政策哪里出了问题，而不是无所作为。如果在留住自己培养的人才方面，政府没有切实制定出相应政策，那么人才外流和人不尽其才现象将难以避免。即使人才有心报效祖国，但是由于国家人才政策的缺失、制度的缺陷，将极大程度上挫伤人才充分发挥自身潜能的积极性。一个国家花费巨大资本培养的人才却不倍加珍惜和利用，才是人才外流的根源。

一个国家如果不从国家战略的高度，建立系统的人才政策，设法留住本国人才，吸引外国人才流入，是难以为国家的强盛奠定人才基础的。国家花巨资培养出来的人才，一个个急不可耐地离开急需他们的祖国，折射出了国家人才政策问题的严重性！

第四节　广聚天下人才

国家只是自己培养人才，无法完全满足国家对相关领域人才的需求。因此，广聚天下人才，是解决国家相关领域人才短缺的最佳手段。如何广聚天下人才，是很多国家关心的重要问题。从古至今，吸引人才的争夺之战，无不体现人才的重要性和广聚天下人才所具有的特殊优势。外来人才对国家强盛发挥了重要的作用。

中国的春秋战国时期就有这样的典型案例，秦国从秦穆公开始，经过努力发展，终于由一个地处西部的小国后来居上，发展成为一统天下的大秦帝国。秦国成功的关键，就是它成功的人才战略。春秋时期，秦国弱小，秦穆公在用好本土人才的同时，使尽一切手段招徕各诸侯国人才。他用五张羊皮赎来奴隶百里奚，用重礼将蹇叔请来秦国，挖来戎国大夫由余，分别任为国相、上大夫和上卿。在三人的辅佐下，兼并西戎十二国，辟地千里，遂“霸西戎”，为秦国的发展奠定了基础。秦孝公时秦国发布《求贤令》，称“宾客群臣有能出奇计强秦者，吾且尊官，与之分土”。在高官厚禄的吸引下，招来了改变秦国命运的卫国人才商鞅。孝公任用商鞅实行变法，奖励耕织，使秦国后来居上，实力大增，为秦国称雄天下打下了强大的基础，秦国实力的发展，使得六国的人才纷纷来到秦国，像李斯等，在秦国发挥才能、建立功业。李斯的《谏逐客书》指出：“士不产于秦，而愿忠者众。”可见外来人才为秦国筑就了一条通往强盛的发展之路。

今天美国是世界上第一强国，也是世界上吸引人才的第一大国，那么美国是怎样吸引天下人才的呢?

美国《1952 年移民法》《1965 年移民法》及《1990 年移民法》制定的移民政策奠定了其吸引天下人才的政策基础。这些法律制定了美国急需的高学历和有突出才能的各类技术人才员的移民政策，并对技术移民划定了优先等级，保证了技术移民并且有针对性地满足了美国国内的人才需求。为了吸引人才，美国政府又制定了一系列科研资助和专项基金管理制度等政策措施，以各种优厚的条件吸引世界各国人才。

美国在世界人才竞争中，获得了巨大的人才效益。美国利用自身经济实力的优势，为外国人才提供世界一流的科研条件、优厚的薪资待遇，吸引了大量世界各国的高级人才，使得美国成为最大的人才流入国、移民受惠国。美国的高科技产业和技术很大比例是由这些外国的高级人才创造出来的。以加州硅谷为例，其中的高科技公司，有 30%是由印度与中国裔的移民创建的。外国移民在硅谷的公司创造了巨大的财富，这些美国公司中很大比例是来自外国的优秀人才。这些优秀的外国技术人才对提高美国的综合国力，尤其是在科技、经济和军事等领域产生了非常深远的影响，做出了巨大的贡献。

美国自己曾做过统计，美国国家培养一位专家要花5万美元，而吸引一个外国专家可节约这些教育经费。数据统计，在1996年到1998年，美国共引进专家24万名，那么就单纯教育经费的节省就高达120亿美元，更何况这些专家还为美国创造了数百亿元的财富。在20世纪90年代的10年中，这些专家就为美国增加了数万亿美元的新财富。1996年至2000年间，信息科技带动28%的美国经济增长，仅先进的医疗科技与服务，就为美国经济带来2.4万亿美元的净增长。美国从这种人才流动中获益匪浅，人才的引进所带来的巨大效益使美国技术、经济发展方面更为迅速，更为美国的强盛做出了杰出的贡献。

今天要广聚天下人才，很重要的一个环节是知识产权的保护。对于人才，一个国家能不能引得来、留得住、用得好，是非常重要的事情。人才引进来后留得住他们，需要国家付出巨大的努力和耐心。特别对于优秀人才，他们的知识产权能否得到保护，他们的权益能否不被侵害，这对一个国家保护和留住人才是非常重要的问题。美国在知识产权方面做得非常好，美国对知识产权侵害的打击力度十分强大，保护了优秀人才的权益，同时也保护了美国吸引世界优秀人才所带来的优势。古今中外，成功吸引到并任用优秀人才的国家，强盛就会得到保障，广聚天下人才，国家的强盛才能水到渠成。

第五节　人才选拔任用是强盛的根本

人才很重要，但是合理和恰当地选拔和任用人才，才是发挥人才优势的关键。试想一个国家人才济济，但是却不能被选拔和任用，那么拥有人才和没有人才没什么两样。国家在通往强盛的道路上需要各种各样的人才，因此建立一个优秀的人才选拔和任用制度，是国家制胜的可靠保证。中国是世界上选拔和任用人才制度化最早的国家，人才选拔的方法和水平直到清代还一直领先于世界，而中国的科举制还曾被西方借鉴和使用。

选官用人是被古代中国最为看重的国之大事，为了保证人才选拔，国家一方面大力发展教育，另一方面不断探索和完善选官制度。自古有“中兴以人才为本”“得人者昌”“失贤者亡”之说。因此，认真总结中国古代选官用人的成功经验与失败教训，至今仍有十分重要的现实意义。下面让我们梳理一下中国古代的人才选拔和任用制度。

在春秋时期以前，官吏主要通过“世卿世禄”的世袭制度产生。战国时，由于国家间人才竞争的日益激烈，“世卿世禄”制逐渐被废除，官吏的选举发生了根本变化，招贤纳士和豢养门客成为这一时期的人才选拔任用方式。秦统一后，官吏多出于军功，而没有制定一个优秀的适应时代发展的人才选拔和任用制度，虽然秦始皇建立了以中央集权为国家治理结构的郡县制的大一统格局，但是由于没有适应郡县制和大一统结构的人才选拔制度，也是秦国最终解体的原因之一。因为没能把当时优秀的人才都选拔到国家体系内，而这些优秀的人才必然成为消灭秦国的主要中坚力量。

到了汉代，汉朝政府为了适应中央集权的国家统治的需要，在秦的基础上，建立和发展了一整套选举统治人才的选官制度。这套制度包括察举、皇帝征召、公府与州郡辟除、大臣举荐、考试、任子、纳资及其他多种方式，不限于一途，而且还可以交互使用。以察举制为主的国家人才选拔和任用制度终于和中央集权的大一统思想相契合，至此人才选拔和任用的制度化为汉朝的强盛奠定了基础。

所谓察举制也就是选举，是一种由下而上推选人才为官的制度。汉代察举的标准，大致分为四条，史称“四科取士”。《汉官仪》记载：“一曰德行高妙，志节清白；二曰学通行修，经中博士；三曰明达法令，足以决疑，能按章覆问，文中御史；四曰刚毅多略，遭事不惑，明足以决，才任三辅令，皆有孝弟廉公之行。”

四科取士大约起于西汉，下迄东汉未改。不过有时单举其中的一二科，或全举四科，均有诏令临时规定。察举的标准虽仅有四科，但察举的具体科目却很多，主要有孝廉、茂才、贤良方正、文学（通常指经学）以及明经、明法、尤异、治剧、兵法、阴阳灾异等临时规定的特殊科目。这些都是功名，有了功名，便可实授官职。上述察举诸科，实际上分为岁举和特举，岁举是常制，特举由诏令临时规定，二者都是由下向上推选人才的制度。汉代选官以“乡举里选”为依据，体现的是尊重乡里舆论对士人德才评判的权威性。但是，舆论评价一旦与仕途沉浮相联系，就容易被某些有权势、有影响的人物或社会集团所控制、所利用。曹操审时度势，提出了“唯才是举”的用人原则，这既是对处于乱世求贤的需要，也是对汉代“选举失实”的刻意纠正。

征辟是一种自上而下选拔官吏的制度，主要有皇帝征聘与公府、州郡辟除两种方式。皇帝征聘是采取特征与聘召的方式，选拔某些有名望的品学兼优的人士，或备顾问，或委任政事。征聘之方，由来已久，如秦孝公公开下令求贤即属征聘性质。秦始皇时叔孙通以文学征，王次仲以变仓颉旧文为隶书征，亦皆属征召性质。到了汉代，汉高祖十一年即公元前196年求贤诏，也是继承了这一方式。以后自西汉武帝以至东汉，相沿成例。对于德高望重的老年学者，且特予优待。如武帝即位之初，即“使使者束帛加璧，安车以蒲裹轮，驾驷迎申公”，可谓开了汉代安车蒲轮以迎贤士的先例。皇帝征聘，为汉代最尊荣的仕途，被征者来去自由，朝廷虽可督促，如坚不应命，亦不能强制；且于既征之后，地位也不同于一般臣僚，大都待以宾礼。

辟除是高级官员任用属吏的一种制度。汉代辟除官吏有两种情况：一种是三公府辟除，试用之后，由公府高第或由公卿荐举与察举，可出补朝廷官或外长州郡，故公府掾属官位虽低，却易于显达。一种是州郡辟除，由州郡佐吏，因资历、功劳，或试用之后，以有才能被荐举或被察举，亦可升任朝廷官吏或任地方长吏。

公府与州郡既有自行选官之权，而被辟除的属吏又不为朝廷命官，故去留亦可以自便。如不应辟，也不能加以强迫；否则，要受到舆论的非议。尤其是州郡辟召是当时比较自由的仕宦途径，而且既辟除之后，主官即当加以重用；否则，气节志行之士就要辞去。另一方面，公卿牧守既可自行辟除，他们为了发展个人势力，皆争相以此笼络士人；而士人为了做官，也不得不依托权门。这样便发展成为一种私恩的结合。西汉时被辟除者犹为国家官吏，到东汉则实际上成了主官的私属。于是朝廷集权力量遭到分割，地方割据势力得到发展，东汉末年四分五裂的局面，与用人之权转移到私人手中有很大关系。

到了三国时代九品中正制出现，在汉末军阀混战的冲击之下，乡里组织遭到破坏，“乡举里选”的传统做法难以为继。在此情况下，三国时的曹魏御史大夫陈群制定和推行了“九品中正制”。在朝官中推选有声望的人担任各州、郡的“中正官”，负责察访本地士人，按其才德声望评定九个等级，上上，上中，上下，中上，中中，中下，下上，下中，下下，然后根据士人的品级，向吏部举荐。吏部依据中正的报告，按品级授官。起初，这一制度是致力于解决朝廷选官和乡里清议的统一问题，是对汉代选官传统的延续，也是对曹操用人政策的继承。但到魏晋之交，因大小中正官均被各个州郡的大家势族所垄断，他们在评定品级时，偏袒士族人物，九品的划分已经背离了“不计门第”的原则。此后的三百年间，出现了“上品无寒门，下品无势族”的门阀士族垄断政权的局面，而九品中正制一直是保护士族世袭政治特权的官僚选拔制度。

到了隋代，实现了国家的统一，为革新政治、巩固统治、加强中央集权，在选官上实行了科举制。当时隋文帝废除维护门阀贵族地位的九品中正制，于开皇七年即公元587年设“志行修谨”“清平干济”两科。隋炀帝时始置进士科，因为是分科取士，所以名为“科举”。王朝开始用公开考试的方法来甄别人才高下，从而量才录用，这是中国古代选官制度上的重大改革，为以后历代所沿用，这也为今天世界发达国家的公务员选拔提供了范本。

唐代科举有常举和制举两类。常举每年举行，于进士科外，复置秀才、明经、明法、明字、明算等多种。学馆的生徒可以直接报考，不在学的自行向州、县报考，合格后再由州县送中央参加考试，应试者以进士、明经两科为最多。考试的内容，进士着重于诗赋和时务策，明经则着重于儒家经典的记诵。主持考试的，开元二十四年即公元736年以前一直是吏部考工员外郎，以后归礼部掌管，也有临时由皇帝委派中书舍人等官员主持的。

武则天当政时，还亲自主持考试。考试及格者称为“及第”。录取数进士科约为应试者的1%—2%，明经科为10%—20%。因为考生投送履历表，叫作“投状”，所以进士第一名称“状头”或“状元”。武则天还增设武举，由兵部主持。

制举由皇帝临时立定名目，有贤良方正直言极谏科、文辞清丽科、博学通艺科、武足安边科、军谋越众科、才高未达沉迹下僚科等百十余种。士人和官吏都可以参加考试。考中以后，原是官吏的立即升迁；原来不是官吏的，也立即由吏部给予官职。但制举出身当时并不被视为正途，而看成是“杂色”。

由隋朝开创，到唐朝完善的科举制度，对中国乃至世界都产生了十分巨大的影响。它通过公开考试选拔官员的政治制度，是中国古代人才选拔制度发展过程中最有效、最进步的一个阶段，也是世界上较早的文官考试制度。科举制度在唐朝不断完善，为国家经济发展、社会安定做出巨大贡献。

在近代中西文化交流过程中，中国的科举制度被介绍到了西方。科举制用考试选拔人才的原则备受推崇，对欧洲文官制度的确立产生了积极的影响。在中世纪，欧洲各国政府实行赐官制，文职官员的录用不进行任何考试。因此，像大哲学家培根这样有才华的人，为了求得一管半职，也要去巴结宫廷权贵。赐官制必然导致吏治腐败，“朝有南郭，野有遗贤”的现象相当普遍。

新航路开辟以后，来华的西方传教士潜心研究中国的典章制度，不断向欧洲传递东方的信息。16世纪中期来华的传教士克鲁兹，发现科举制与西方人事制度迥然不同，实行“学而优则仕”的原则，他对此很感兴趣，随后在游记中把中国科举制介绍到欧洲。这个世纪末，欧洲就有了关于中国科举制度的详细报道。18世纪，介绍中国最有影响的著作是阿尔德的《中国概况》，其中介绍了中国科举制度。至1810年，《大清律例》被译成英文，也有关于科举的法律条文。

欧洲人了解到中国科举制度以后，都异口同声地称赞。16世纪的门多萨认为，中国是世界各国中治理得最好的一个，他把原因归于中国竞争性的科举制度，说中国通过竞争开放一切官职，从而利用了所有中国人的聪明才智。法国启蒙思想家伏尔泰说，中国只有通过严格考试的人才能出任官职，“中国由那些及第的人治理着”，政治清明，经济繁荣。牛津大学教授纽曼说，中国行政制度是迄今为止存在于东方的无与伦比的优秀制度。即使中国在鸦片战争中失败，欧洲学者仍对科举制度称道不已。廉士在《中国总论》中说：“中国通过卓越的考试制度录用文官武将，这是他们制度唯一不同于古今任何一个伟大的君主国家的地方。”

欧洲人赞赏的是中国科举制度选拔人才的原则：机会均等，公平竞争，择优录用。他们认为这是一种出类拔萃的制度，值得效法。在中国科举制的影响下，欧洲开始废弃腐朽的赐官制，确立从竞争性考试中选拔文职官员的制度。早在1776年，英国著名经济学家亚当·斯密就提议，每个人“被获准在任何机构自由从事某一职业前，必须经过考试或试用”。他的主张是受法国百科全书派的影响，而后者又是受中国政治哲学的影响。斯密提出的选拔人才的原则为欧洲各国普遍接受。法国首先师承中国，在1791年进行了文职人员的考试，德国大约是在1800年。英国有识之士早就呼吁政府效法中国科举制度，面向全体国民，开科取士。1833年，英国确认了通过考试择优录用的原则，但直到1847年，英国某一驻外机构为聘任办事员，才进行了最早的竞争性考试。此举受到种种非难，但英国行政改革者最终获得胜利，应为这是一种卓越的选拔人才的制度。1855年，英国成立了第一个文官委员会，主持普通文职人员竞争性考试。1870年，英国颁布法令，使文官的竞争性考试正常化，英国文官考试制度最终确立。

英国文官考试面向公众，定期举行，对应试者进行基础知识的笔试，低级职务的考试在地方进行，高级职务的考试才在首都伦敦。强调入选者必须具备良好的品行和确定试用期，与中国科举制度的形式非常相似。当时的英国报刊就指出：“生活中没有什么能比这与中国所实行的制度更相似的了。”《大英百科全书》对英国文官制与中国科举制的渊源关系也有公允的结论：“在历史上，最早的考试制度出现在中国，它用考试来选拔行政官员，并对已经进入仕途的官员实行定期考核。” 英国文官制度吸收了中国科举制的精华，又影响了欧洲其他国家。

今天吸取了中国科举制的西方国家，很多都走上了强盛之路，而发明这一伟大的人才选拔和任用制度的中国，科举制却已经没落。从中国古代最后一个盛世康乾盛世以来，至今中国还一直在发展中国家的行列中努力发展，虽然中国改革开放三十多年以来，中国开始走向复兴之路，但是与强盛国家还尚有距离，这和人才选拔和任用制度的落后是密不可分的。

从历史发展的规律来看，一个国家的发展和强盛来自于人才的选拔和任用，而人才的选拔任用制度越科学合理，越能够选出最优秀的人才并使其处在合适的工作岗位上。当一个国家的最最关键人才——最高领导者也能通过最科学合理的选拔制度选拔出来的话，那么这个国家一定是最强盛的国家。可喜的是今天的中国已经建立了国家领导人选拔的制度，不足的地方是对各级领导人的制度性选拔和约束机制还不够完善。

第十四章　种族、民族与宗教

在漫长的人类历史上，困扰人类社会的问题很多都与种族、民族和宗教有关，而且这些因素给人类带来的往往是文明的灾难。回望历史，太多的悲剧都源于种族、民族和宗教的分歧，直到当今社会，人类依然没有杜绝这些问题所引起的文明的悲剧。在走向强盛的的过程中，处理好种族、民族和宗教问题事关重要。怎么处理好这些问题呢，其实已经有很多成功的例子供我们借鉴。

从种族的角度看，人类因为肤色等差异分成了不同种族。因为过分区分种族，加上发展的不同，于是种族歧视成为冲突和悲剧的根源之一。

民族问题同样困扰着人类社会，由于风俗习惯和生活地域等的不同产生了民族，而民族问题也是造成国家不稳定的因素之一。

宗教是人类信仰的家园，也是人类寻求精神慰寄的方式，但是宗教信仰的冲突和极端宗教信仰，在当今依然是许多地区动荡的根源。贫困和教育的缺失，使得世界许多地区的宗教问题依然看不到出路，处理好宗教问题也是国家强盛的必由之路。

第一节　种族问题与强盛之路

20 世纪初人们把三个主要的人种分成三个种族：尼格罗人种，即黑色人种；高加索人种，即白色人种；蒙古人种，即黄色人种。后来的最常见的分法是由美国人类学家提出的：刚果人种，即黑色人种；高加索人种，即白色人种；蒙古人种，即黄色人种；澳大利亚人种，即棕色人种；开普人种，居于非洲南部，因在特征上和传统的“黑色人种”有别，而分列出来。

从国家强盛角度和未来人类文明发展的大趋势看，摒弃种族概念是人类文明最好的抉择。随着科学的发展，科学家从基因的角度看人类的差别其实很小，废除种族意识形态，倡导人类的共同性是人类文明的进步。

遗传学的兴起，基因测序技术的发展，已经能在科学、客观的角度证明种族的分类方式是值得怀疑的。人类学和生物学等学科的主流进化论科学家，已经质疑种族作为一个客观存在的科学概念的正确性。主张摒弃种族概念的科学家们主要从四个角度分析：实证、定义、其他理论、道德伦理。首先从实证角度挑战种族概念的人类学家展示了环境因素造成的表现型的可塑性，而依靠基因学证据。动物学家则从一般动物系统学的角度挑战该概念，同时否认了“种族”等同于“亚种”的理论。特征线概念的提出，是对人类表现型和基因型重新理解的过程中最重要的发展之一。该概念所描述的现象：自然选择、迁徙以及基因漂变在塑造人类基因多样性的同时，其多样性主要呈渐变分布，而这些渐变中出现的“等高曲线”可称为特征线。这个现象突显出了以表现型，如肤色、发质来描述的种族忽略了许多其他的和种族划分重合较少的特征，如血型。因此，人类学家得出的结论是：因为特征线和种族界限互相交叉，因此根本没有所谓的“种族”，只有特征线。如黑色素的分布取决于离赤道的距离，越远就越少；但是血色素的单基因型却是以位于非洲的特定的地理位置为中心，呈放射性分布。人类基因异质性的不协调分布，也反证了任何把人类的群体描述成在基因型或甚至表现型方面同质性的描述。

最后，基因学家鉴于人类多样性的 85% 皆出现于群体内而非群体之间的现象，提出论点，认为“种族”和“亚种”都不是正确的或有用的描述人类群体的方法。有研究人员报告说，种族之间的区别仅有人类基因多样性的 5%。但由于 FST 的技术局限性，许多基因学家认为很低的 FST 值并不反证人类种族存在的理论。

同时，人类学家提出，特征线的不协调性不可避免地导致种族数量的大幅增加，最终使这个概念失去意义。在种种实证方面和概念方面的问题出现的同时，第二次世界大战之后，进化科学家和社会科学家很清楚地认识到，和种族有关的理念被屡次用来给种族歧视、种族隔离、奴隶制以及种族清洗提供理由。1960年代期间，美国民权运动以及世界各地反殖民主义运动兴起期间，这个从伦理道德角度提出的质疑也日益激烈。

在这些论点的轮番攻击下，一些进化科学家完全摒弃了“种族”概念，转而使用“群体”。群体和种族的不同在于，群体所指的是一个繁殖群体，而不是一个生物学上的分类。其他的进化科学家则采用了特征线的概念。“群体”和“特征线”的概念并不矛盾，许多进化科学家两者并用。进化科学家摒弃“种族”概念的同时，许多社会科学家则把“种族”改换成“民族”，其中民族是指在国籍、宗教、种族等方面自我认同的群体。这些科学家完全承认，这些国籍、宗教、种族等方面的自我认同全部都是社会构造，和自然或超自然领域的客观事实可以完全无关。

第二节　民族问题与强盛之路

民族问题是国家强盛的主要影响因素，对于国家走向强盛影响巨大。民族问题有两个方面的影响，其一是国家内的民族问题，其二是国际间的民族问题。不管是国内还是国际，民族间的矛盾和问题处理不好，国家则很难走向强盛。

对于国内的民族问题，应弱化民族差异，拒绝民族歧视，不能有民族差别待遇，倡导民族融合。国家实行公民化政策，所有民族都是公民，绝对避免不同民族间的政策差异，不能给任何民族以超国民待遇，一切待遇要平等，鼓励民族间通婚、民族风俗的融合、民族文化信仰的包容和融合。要知道，扩大民族之间的差异，如扩大民族风俗差异、扩大民族文化差异、扩大民族信仰差异等虽然貌似丰富了所谓的民族文化和民族特色，但是对于国家的强盛和稳定无疑是埋下了威力巨大的不定时炸弹，国家会因此走向动荡和不稳定，民族分裂所带来的后果会对国家强盛产生巨大的破坏。

国家间的民族问题对于国家的和平稳定也是十分重要的。一个国家的民族主义情绪直接威胁着这个国家的未来，也是国际社会值得共同反思的重要问题。人类的多少悲剧都是源于民族主义，民族间的战乱和屠杀，民族国家的民族主义情绪必将影响国家强盛的发展道路。遏制国家民族主义是国家间和平稳定的要素，极端的民族主义历来是国家间不稳定和战乱的导火索。

回望人类发展，历史的明灯一直在照亮和警醒人类的未来。今天人们还没有走出民族的迷雾，反而有时还会深陷其中，酿出太多的悲剧。其实在世界的东方，古代的中国早已做出了最好的榜样，可惜的是没有人认真地研究和珍惜。中国古代的民族融合做得是最出色的，民族融合做得好的开创出了盛世国家，做得不好的则离开了历史的舞台。而中国最大的族群——汉族，其实是不能称之为民族的，因为它是民族融合的产物，是一个国家总体族群的统一称呼。在这里，我深深地希望人类不要因民族而相互敌视和杀戮，共同走向和解与发展。

第三节　宗教问题与强盛之路

宗教问题是一个比较棘手的问题，对于通往强盛道路上的国家，宗教既可以成为强盛的助推器，也可能成为不可逾越的障碍。处理好宗教问题需要国家具有高瞻远瞩的战略眼光。

人类社会需要一种信仰来从内心约束人类的行为，但是极端的宗教思想和反人类的宗教思想对于一个国家来讲则是必须警惕的。马克思认为宗教是支配人们日常生活的外部力量在人们头脑中的幻想的反映。在他看来，宗教本质上是一种“颠倒的世界观”，是由对神灵的信仰和崇拜来支配人们命运的一种意识形式。他认为，从其产生根源看，宗教是自然压迫和社会压迫的产物：由于生产力水平极端低下和缺乏科学知识，以及人们对自然现象的无知和恐惧，从而产生了各种形式的宗教观念；阶级压迫给劳动人民带来苦难而人们又不能科学地解释这些社会现象，是宗教产生的又一重要根源。马克思认为，宗教最初是被压迫者对现实苦难的叹息和抗议，而后被统治阶级所利用，成为统治被压迫者的思想工具。因此他断言：“宗教是精神鸦片”。

在欧洲的历史上，因为宗教给人类带来的苦难和悲剧莫过于十字军东征。宗教一旦成为被利用的工具时，在极端宗教思想的影响和利益的驱动下，将给人类生命和文明带来惨痛的代价。

以持续了近200年的十字军东征为例，当时的罗马教廷想通过东征达到建立世界教会的目的。但是由于在东征的过程中，十字军的侵略暴行，严重阻碍了欧洲的社会和经济发展，更给当时的许多国家带来了灾难，导致了人间惨烈的悲剧。十字军所到之处，留下的是狼藉的尸体，人类的鲜血染红了大地。

在君士坦丁堡，十字军对这里进行了长达一个星期的烧杀抢掠，他们将这里的金银财宝、丝绸衣物和艺术珍品抢劫一空，把这座繁荣富庶的文明古城变成了人间地狱，文明在他们卑鄙的行动中化为废墟。法国编年史家维拉杜安写道：“自世界创始以来，攻陷城市所获的战利品从未有如此之多。”

十字军东征给东方和西欧各国带来的是生灵涂炭，最恶劣的一次十字军东征甚至发动儿童来参与征战，可悲的是几千名欧洲儿童却在埃及的亚历山大港被贩卖为奴役。

十字军所遗留下来的，是宗教思想的可怕性和残暴行为在伪装的神圣外衣下给人类带来的灾难，十字军的东征还造成了欧洲封建制度的衰落，为后来欧洲的资本主义萌芽奠定了一定的社会基础。今天困扰世界各国的恐怖主义也是在极端宗教思想的控制下，给人类带来了太多的悲剧和苦难，这是每一个人需要警惕的事情。但是笔者认为，虽然马克思对于宗教的认识是客观的，但是对于一个国家乃至人类社会来说，并不是所有人都是社会学家、科学家或哲学家，人们的内心还是需要一种好的宗教思想来约束和感化。

在长达一千多年的欧洲中世纪，宗教对于国家的强盛并没有起到良好的作用，相反，欧洲的宗教审判所以宗教为名，实际起到压制社会进步和科学发展之实，伽利略、布鲁诺等许多思想和科学的巨匠被迫害。今天研究欧洲的政治史时，宗教和政治往往密不可分，直到马丁·路德的宗教改革思想提出后，欧洲的宗教才走向良性发展，不再是强烈阻碍社会发展的力量，才为欧洲资本主义留出了发展空间。

宗教对于国家的影响这一方面，古代中国做得是最出色的。在世界的东方，中国领先世界将近两千多年，其中最为根本的原因是，中国主要是以儒家和法家思想为核心，儒法思想对于国家治理是非常具有成效的方式。而儒家思想本身不具有宗教性质，但却在国家思想体系中成为中国社会的支撑思想，起到了宗教的作用。而真正的宗教，在中国社会中是主流社会思想的补充结构①，这里主要指佛教和道教，基督教在当时的中国影响很小。在晚清中国社会有一种力量也想把孔子的儒家思想转变成宗教——孔教，但是由于难以被社会接受而失败。对于古代中国来讲崇拜超自然的神的宗教，与中国两千多年来崇拜圣贤的类宗教相比，是不可同日而语的，这也是为什么中国没有存在像欧洲那样长达一千多年的宗教黑暗时期。

中国人相信圣人孔子并没有超自然的力量，他也不是先知，而只是至圣先师，因而人是更合乎自然的理性状态。在以人为本的儒家社会，科学知识的传播和发展，不仅不会得到儒家思想人士的抵制，反而因为人们注重文化知识和格物致知的观念，受到大家的推崇，人们乐意开放地探讨任何学术的问题，而不存在科学课题的禁忌。

虽然中国还有祖先崇拜信仰，那是一种基于人的“祖先信仰”。在儒家文明地区，祖先信仰，祖先保佑等概念，虽然是对超自然的力量的一种

① 参见金观涛、刘青峰著《兴盛与危机》。

信仰，但并不是能够影响社会的宗教问题。

对于通往强盛之路的国家，宗教一定不是这个国家的主要部分，而只是这个国家的补充结构，是人们失意时心灵平复和得以寻求慰藉的归宿，是一个国家和社会的稳定器。

第四节　消除歧视、平等和解

本章所论述的种族、民族与宗教问题，历来是敏感的问题。但是越是敏感的问题，如果人们不加以正视和重视，那将无助于问题的解决。本章中有些论题和论点可能会引起一些人的争议，但是本章立意的最终目的是为人类的根本利益着想。其实，种族、民族与宗教问题，一旦走入偏颇，它给相关国家和人民带来的一定不是长远的利益，从历史的角度看更多的是悲剧和苦难。

在人类历史的长河中，人类从蒙昧走向文明的道路上，经历了太多的曲折和苦难。人类在种族、民族和宗教的庇佑下得到了发展，但是同样因为种族、民族和宗教，也给人类带来了无限的灾难。它们是一柄锋利无比的双刃剑，在人类的发展的历史中，这柄剑披荆斩棘为我们在没有科学精神指导的情况下，开辟出了一条曲折的发展之路，同时这柄剑也深深地伤害了人类自身，直到现在这柄利剑依然插在人类自己的身体上难以自拔，流血不断，痛苦不已。如果将这把利剑抛弃并换成科学与宽容的精神，在科学与宽容之光的照耀下治疗好人类的创伤，人类才能最终走向理智与幸福。

其实不管是种族、民族与宗教，其中的人们都是想得到更多的幸福和实现美好的愿景，但是最终我们收获了什么？是值得每一个人反思的！

消除歧视、平等和解是本章的核心宗旨，以科学的精神、宽容的心态，消除种族概念、弱化民族意识、边缘宗教思想，是一个国家通往强盛之路的康庄大道，也是人类社会最终的方向。

第十五章　社会保障与强盛

社会保障的根本问题是财富分配的问题，财富分配的法则影响着社会的稳定和发展，也直接左右着国家的强盛与衰落。从人类社会发展的历史看，人类社会的发展规律就是国家财富从集中到分散的过程，国民财富的所有权从没有到拥有的过程，国民财富的保障从没有保障到依法保障的过程。社会保障可以分为广义和狭义两个概念，广义的社会保障概念就是国家制度选择和以此为基础的社会财富分配规则，狭义的社会保障概念就是具体的社会保障体系和社会公益慈善体系。

强盛的国家，它的社会保障体系一定是比较健全和完善的，而健全和完善的社会保障体系，也为国家的长治久安和强盛发展提供稳定的保障。社会保障系统不能成为养懒人的系统，一旦国家的社会保障系统成为国家的巨大负担，而太多的人只依赖于社会保障系统来生存，便使社会失去动力，国家也必然会走向衰落。所以，建立恰当的、合理的、适宜本国国情发展的社会保障系统是社会保障系统建立的关键，防止国家过分福利化而阻碍国家走向强盛。

一个国家只有建立一个适应社会发展的国家财富分配制度和规则，才能调动国民广泛的积极性。一个国家可以根据其自身的发展状态来调整财富分配倾向，以达到引导国民财富分配、治理国家的调控目的，且通过社会保障比单纯用行政和法律手段更加有效和潜移默化。在人类的发展中财富的分配取向是一个国家发展的方向标，这个方向标运用得好，国家就一定能成功走上强盛之路。所以，透过看一个国家的财富都流向了哪里，是社会的哪些人群获得财富与荣耀就可以知道这个国家的发展状态。

第一节　社会保障是国家稳定器

一个国家的社会保障是这个国家社会的稳定器。国家的国民难免会遇到各种各样的社会问题，比如医疗、养老、就业、灾难、残障等，如果这个国家有比较健全的社会保障体系，就会使得这些有可能演化为社会问题和社会悲剧的因素，在社会保障系统的保障下而得以化解。否则这些问题会演变成社会的不稳定因素，引发犯罪等一系列的社会问题。国家在面对各种自然和人为的灾难时，如果有健全的社会保障系统，就不会引发大规模的流亡甚至是社会动荡。

从历史的角度看，许多国家的灭亡都和大规模的灾难有关。国家在面对大规模自然或人为的灾难时，如果这个国家的社会保障体系健全，运作合理，那么灾难引发的社会问题会降到最低；如果国家没有健全完善的社会保障体系，灾难处置不当引发的社会动荡，会削弱国家实力，甚至导致国家灭亡。因此，社会保障体系是社会稳定和社会进步的基础，关系到国家强盛的根本状态，关系到稳定的国家秩序的构建。

世界上成熟的制度性社会保障体系最早出现在英国，它是1536年英国颁布的《济贫法》。社会保障体系的发展经历了从社会救助模式、社会保险模式到福利国家模式的发展过程。如何建立高效恰当的社会保障体系，将关系到一个国家整体强盛发展与社会稳定之间的内在问题。社会保障问题由于生存机会和社会资源分配的矛盾而产生，是一个国家对社会成员进行的一种基本生活保障行为。哈耶克曾将自由社会的保障分为两种：第一种是防止严重的物质匮乏的保障，即确保每个人维持生计的某种最低需要；第二种是某种生活水准的保障。他认为应建立最低收入保障和特定收入保障这两种制度。很多情况下由于国家实力和资源有限，在社会保障制度方面做得不够理想。笔者认为社会保障体系要在做好社会保障的同时，将国家对社会保障所造成的负面影响加以调控，以达到国家强盛与社会发展间的均衡。社会保障的功能是在保证社会公平的基础上，促进劳动力发展，进而促进社会经济的发展进步，从而最大限度保证社会秩序稳定，解决因贫困、失业而引起的犯罪等社会问题。

社会保障体系的建立是一种制度体系的建立，是社会为了达到一定的治理结构所必须要解决的社会系统问题。英国著名思想家罗素曾说过："良善生活就如我们心中所想象的，需要一套社会条件，而没有了它们就不会成功。"

但是一项制度的建设，总体上应该既符合客观规律又符合人的意志与需要。制度建设的目的是为社会服务的，为国家强盛搭建制度的构架。也是国家在通往强盛的道路上为国家的每个成员提供基本的保障，因为人在无法实现最基本的保障时，是无法实现自我的价值，也不可能为国家的强盛发展贡献他的力量。

社会保障制度的建设一直是在公平与效率的问题中求得最佳的结构。在国家通往强盛的发展道路上，国家的经济和社会必然面临着剧烈的转型，国家的价值取向也可能会在一定程度上以效率为先来牺牲公平。基于社会在生存和发展过程中价值取向的不平衡性，以及国家发展过程中主观目的性与客观制约性之间的矛盾，如果国家在强盛的发展上以丧失公平为代价而向前推进，那么当达到一定的程度后，国家必须进行相应的调整，以逐步适应国家的发展和时代的变化。

国家通往强盛的道路上会面临许多社会问题，因此每一种制度的建立，都存在对现实思考的路径问题。社会保障制度往往导致在整个体系中存在着矛盾和冲突，而且国家发展是不均衡的，所以不同地区在制度的构建和实施中会存在很大的差异，无法真正实现制度的公平。因此，在制度的设计和实施中就要给予详细的研究和考察，尽量避免制度在实施中带来的负面问题，如果处理不好直接影响国家的强盛发展。

国家通往强盛的过程就是这个国家社会结构转型的过程，这时每个人的思想变化都折射出社会的现状，新旧观念的冲突也会在一定程度上通过社会制度或社会规则的变迁体现出来。国家要基于公平的信念，对社会资源进行再分配。因为社会资源的稀缺性，从社会资源中获益的个人或集团，通过税收、捐赠等形式，从他们的收益中划出一部分来救助失去资源利用机会的人们。这是一个在国家的社会保障体系是否健全，制度是否能及时根据情况的变化进行调整，社会保障制度是否合理等方面必须注意的问题。

国家在社会保障过程中不仅要保证程序的公正性，更要保证结果的公正性，社会保障能否惠及最需要保障的人群是社会保障体系对社会公平和稳定的最终体现。国家建立社会保障体系不仅是为了社会稳定这个基本目标，更是为了实现人的基本权利。博登海默曾写道："一个法律制度若要恰当地完成其职能，就不仅要力求实现正义，而且还须致力于创造秩序。"正义与秩序关注的是社会制度和法律制度的不同侧面。正义侧重的是规范和制度的内容，它们体现对人类的影响以及它们在增进人类幸福与文明时的价值；秩序侧重的是制度的形式结构。规范和制度的目的是规制人类的行为，以求避免社会的混乱。从这种意义上讲，社会保障体系就是国家强盛状态的具体表现，强盛的国家必然拥有良好的社会保障体系。

第二节　制度建设是社会保障关键

社会保障体系的好坏与社会保障制度的建设密切相关，制度的缺陷和漏洞将给社会保障带来极大的负面作用，不但会给社会带来巨大的负担还会引发社会的不公。因此，在建立社会保障体系时，要建立完善的制度管理和监督体系，用制度来规范社会保障体系高效良好地运作。

制度是一切体系运作的关键，良好的制度是社会保障体系的制度保证。西方发达国家在社会保障制度建设上有很多成功经验可供通往强盛道路上的国家借鉴和学习。

当今世界有 100 多个国家建立了不同模式的社会保障制度，其发展过程经历了三个阶段：第一阶段是从 19 世纪 80 年代到 20 世纪 20 年代，为缓和当时的社会问题，德国、英国和瑞典等国家相继通过了一些社会保障法案。第二阶段是从 20 世纪 20 年代末到第二次世界大战，为解决当时的经济危机和社会动荡所引起的失业和老年人生活问题，社会保障在欧美各国得到较快的发展。美国 1935 年 8 月通过了世界第一个由联邦政府承担义务的，全国性的社会保障法案《社会保障法》。社会保障还被作为国家干预、刺激和扩大社会需求、缓和生产过剩经济危机的手段。第三阶段是第二次世界大战后期，这是社会保障制度进一步扩大、发展和完善的时期，此时的社会保障开始惠及全体公民。 西方发达国家形成了各具特色的社会政治制度、经济制度和历史文化传统，各国的社会保障制度在政策取向、制度设计、保障项目和具体标准及实施办法等方面也有一定的差异。具体来讲，西方发达国家的社会保障制度主要有保险型、福利型和自助型三种社会保障模式。

保险型社会保障制度是指在工业化发展到了一定阶段，经济基础比较雄厚的情况下，国家为公民提供一系列的基本生活保障，以便公民在失业、老龄、伤残以及因婚姻关系、生育或死亡等需要特别支出的情况下得到相应的经济补偿和保障。主要代表国家有德国、美国、日本。这种社会保障制度模式的基本特征是权利与义务相对应，待遇给付标准与劳动者的个人收入和缴费相联系；社会保障费用由政府、企业和劳动者三方分担，个人和企业缴费是社会保险基金的主要来源；社会保障标准不高，以保障基本生活水平为原则；强调公平与效率兼顾，既要保证每一个公民都能享受到一定的社会保障待遇，又不能影响市场竞争活力。

福利型社会保障制度通常是在经济比较发达，国民生活水平较高的情况下，对每个公民从出生到死亡的一切生活困难，如疾病、灾害、老年、生育、死亡和“鳏、寡、孤、独、残疾人”等给与生活安全保障。这种社会保障制度最初由英国创立，以英国、瑞典为代表，多见于北欧和西欧国家。社会保障资金的筹集主要来源于国家的税收和企业主的缴费，保障标准与个人的收入和交纳的保障费没有必然联系。其基本特征有三：一是保障内容广，由生到死，几乎无所不包。二是保障覆盖面广、惠及全民。三是保障标准高，实行优厚的公共津贴制度。

自助型社会保障制度也称作强制储蓄型社会保障制度。这种社会保障制度以促进国家经济发展为主要目标，除公共福利与文化设施由国家负责拨款外，国民的社会保障费用方式主要由雇主和雇员负担，政府不提供资助。强制储蓄型社会保障模式的基本特征是；建立保障个人账户，雇主和雇员的缴费全部计入雇员的个人账户；个人账户资金投入资本市场运营，以实现保值增值；雇员退休后的养老保险待遇完全取决于其个人账户积累额。根据社会保障基金管理运营方式的不同，这种社会保障模式分为两种类型：一种以新加坡为代表的政府集中管理运营基金模式；另一种是以智利为代表的由私营基金管理公司管理运营基金模式。

从社会保障制度的“公平”方面看，保险型社会保障制度推行多种保险形式来保障社会公平：第一，政府通过转移支付等财政手段，给予社会的贫困人群大量的救济金，有效地减少了贫困人口，缓解了收入分配不均和贫富悬殊的问题；第二，社会保障金的缴纳主要由雇主和雇员共同负担，国家和个人的负担较轻；第三，在保障基金的管理上，国家实行的是财政统一支出和管理，因此可以比较全面、客观地把握资金的支配和使用，从而更好地体现“公平”原则；第四，各保障项目的参与采取的是强制性与自由选择相结合的方法，也使得大多数人的基本生活得到保证，这也是公平原则的一种体现。从“效率”方面看，保险型社会保障制度的保障资金的主要来源是向纳税人收取各种保险税，因此，政府在制定税收政策和调整社会保障税收方面，非常注意税收政策的适度问题，使税收、保障程度和保障水平相适应，尽量做到既不影响人们的收入水平，又能提高人们的生产积极性；同时，由于各种类型的社会保障服务组织发展完善，在管理方式上，又采取了多层次管理的科学体系，从而形成了一个比较高效的社会保障网络，提高了管理效率；此外，社会保障基金的管理与运营严格分开，政府部门只负责宏观层面上的政策制定、监督监管，保险基金的运营则由专业的经营机构负责，从而使社会保障基金能够得到较充分的利用，提高了保障基金的资金使用效率。

福利型社会保障制度，从“公平”方面看，福利型社会保障制度的保障内容多，覆盖面宽，保障水平高，几乎所有人都能享受到养老、医疗和社会福利等方面的多种社会保障，这在最大程度上体现了整个社会的公平状态。此外，社会保障资金的缴纳主要由各行业的雇主方承担，雇员或个人基本不用缴纳社会保障费用；同时，社会保障水平也随着社会收入的增长而相应提高。从“效率”方面看，由于过分强调公平原则，福利型社会保障制度虽然能够有效地降低失业率，一定程度上确保了国家的经济稳定增长，但政府和企业的负担过大，降低了企业的后继发展能力。同时，由于人们享受的社会保障标准与个人的缴费没有挂钩，不可避免地会出现大批靠吃社会保障资金度日的“失业者”，一定程度上造就出了社会“懒汉”，遏制了人们的生产积极性。此外，由于政府需承担巨大的社会福利开支，财政包袱沉重，最终导致了巨大的财政赤字，所以不得不扩大发行政府债券或增加税收，这就在一定程度上降低了社会效率。

强制储蓄型社会保障制度从“公平”方面看，强制储蓄型社会保障制度的最大的特点是以储蓄的个人负责制为基础，保障基金的产权明晰，细化到人，节约归己，即雇主和雇员共同缴纳社会保障公积金，雇主缴纳的部分可以直接计入生产成本，参加社会保障人们的利益受到社会保障公积金法的保护，公积金可以在家庭成员间转移支付。在“效率”方面，强制储蓄型社会保障制度克服了社会福利的平均主义弊端，使社会保障真正发挥了社会“安全阀”的作用。这种模式减少了政府负担和其他社会浪费，避免了社会生产率的下降。在实践上，它较好地体现了公平与效率的关系，一般不会出现福利型和保险型两种模式下政府财政负担过重的问题。

西方发达国家建立了一整套比较完备的社会保障体系，有效缓和了社会矛盾，保证了基本民生问题的解决。但是，在取得既有成果的同时，目前西方发达国家的社会保障建设也面临着一系列制约社会健康发展的问题和缺陷，主要表现为社会保障开支庞大，容易造成政府财政负担过重，社会效率低下等问题。所以，在通往强盛的道路上，一个国家要尽量避免社会保障的负面问题，建立与国家发展状态相适应的社会保障体系。

第三节　社会保障与国家强盛的辩证关系

社会保障和国家强盛有着很强的辩证关系，一个国家的强盛离不开社会保障的健全，但是社会保障过分和不足又会影响国家的强盛与发展。如何处理好社会保障和国家强盛之间的关系，直接关系一个国家的兴衰与强盛。

社会保障制度在世界很多发达国家走向强盛的道路上发挥了重要作用。这方面德国做的许多工作值得参考和借鉴，因为现代的社会保障制度很多方面起源于德国。在 19 世纪 80 年代，德国就制定并实施了有关社会保险的法令，当时德国相继颁布了《疾病保险法》《工伤事故保险法》《老年和残疾保险法》，成为世界上第一个建立起社会保险制度的国家。当时正值第一次世界大战前夕，德国出现的最严重的社会经济问题就是劳资关系问题。为了解决这些复杂严重的社会问题，德国通过建立法律制度和国营企业等方式来解决社会问题，在国家直接干预下德国的社会保险制度建立起来了。社会保障制度的建立缓和了德国社会阶级的矛盾，稳定了德国的劳动队伍，德国工业因此得以发展和壮大，国家实力得以增强，进而为实现对外扩张提供了强大的战争实力支撑。

19 世纪末 20 世纪初，德国逐渐走向强大，德国经济的发展对欧洲经济的发展乃至随后的整个世界格局产生了深刻的影响。德国已经取代了昔日“世界工厂”英国的地位，成为了欧洲工业的中心。在德国的强盛发展的道路上，现代社会保障制度的建立起了关键性的作用，为缓和德国的社会矛盾，解决社会问题，以及后来德国的崛起，奠定了有效的制度保障基础，也为后来世界上许多国家的现代社会保障制度的建立，提供了借鉴和范本。

第一次和第二次世界大战之后，战败的德国一片废墟，整个国家面临着恢复国民经济、改善人民生活状态的棘手问题。针对当时的德国经济现状，德国探索出了符合德国国情的国家发展之路，成为举世瞩目的“经济奇迹”国家。经过第二次世界大战后十几年的发展，西德的经济实力在欧洲已经稳居第一的位置。依托快速崛起的国家实力，德国对战前的养老保险、医疗保险和失业保险等制度进行了广泛深入的改革，着力构建在经济发展过程中多方面保护人的利益的社会保障系统。20 世纪 50 年代至 70 年代，德国努力在社会分配制度上通过政府的干预，克服收入和分配上的不公平，颁布了许多社会保障方面的法律与各项经济政策相协调的社会保障政策，促进了社会生产效率的提高，营造了德国良好的经济发展环境。由社会保障制度带来的社会效益一直影响着德国的发展，直到今天，无论是 2007 年的全球金融危机，还是欧债危机，德国都顺利度过了这些严重的危机，受到的影响不大。最令人刮目相看的是，德国的社会保障制度并没有给国家财政造成过大的负担，这也是德国的社会保障体系的优良之处。

德国在先进的社会保障制度的支持和保障下，即使经历了两次世界大战的重创，依然能快速崛起，优良的社会保障制度功不可没，这也成就了德国强盛发展的奇迹。

第四节　公益慈善是国家保障体系的重要补充

国家保障体系的建立不可能完全依靠国家来进行，作为国家保障体系的重要补充，社会公益慈善体系是十分重要的环节，一个国家的社会公益慈善体系的建立必须要有国家法制的保障，才能真正地促进国家的公益慈善事业健康和可持续发展。

一个国家的公益慈善事业的发展和发达程度，与其法律制度的建设密切相关。国家首先要通过立法保护参与公益慈善事业的权利和责任，这是一个国家公益慈善体系合法、健康发展的前提条件；还要通过税法建立公益慈善参与者的外部激励机制，通过其他相关法规规范公益慈善机构的内部治理，这是公益慈善事业良性发展的重要法律依据。一个国家的公益慈善立法既遵循慈善自身的发展规律，又要注重与本国国情相结合，通过制度建设将公益慈善运行的风险最小化，从而实现社会风险的最小化和社会效益的最大化。加强公益慈善事业的法制建设，就是通过完善公益慈善法律法规，引导公益慈善事业的良性发展，树立公益慈善事业的公信度，为国家公益慈善事业的持续发展注入活力，从而更加充分地发挥公益慈善事业在完善社会保障体系、促进民生改善中的重要作用。

一个国家在发展的过程中，社会保障体系固然能解决绝大多数社会问题，但还是离不开公益慈善事业的辅助。企业和个人通过捐助进行慈善公益事业是社会重要的补充也是国家公民社会责任的体现。所有动员社会各界力量，建立民间捐赠、慈善事业、志愿者行动等各种社会救助机制，广泛筹集社会救助资金，对弱势群体和困难群众进行救助，彰显社会道德风范，这是对国家社会保障体系的重要补充，是实现社会公平正义的重要手段。公益慈善事业和各种公益慈善组织在实现社会资源的再分配、促进社会公平正义中承担着重要的社会责任，发挥着不可或缺的社会作用。而公益慈善事业的健康发展，除了依赖于国家社会的发展和公民公益慈善意识的提高外，公益慈善相关的法律法规的完善至关重要。这些法规制度的建立，规范了慈善组织的设立和运行，保护了公众对于慈善事业的知情权，有效促进慈善事业健康和可持续发展。

公益慈善事业不仅可以弥补国家社会保障制度的不足，减少社会矛盾，发展公益慈善事业本身还对公民道德的教育具有正面的积极意义。一个国家在物质文明发展并进入繁荣阶段后，经济的持续发展并不能自动地带动精神文明和一些积极向上的价值观的发展，相反，却可能导致价值观的扭曲或随之而来的道德滑坡，这就需要各种社会制度的规范和道德伦理的约束。以利他主义为价值观、以奉献爱心为宗旨的慈善事业无疑是对公民进行道德教育、提高公民素质的一个重要载体，它倡导人们对善的追求，对生命的热爱，对社会的责任。而完善的慈善法制正是确保这一切实现的基础。为进一步提高公民的慈善意识，增强全民参与慈善的热情，必须从加强慈善法制建设着手，营造值得信任的慈善组织运行环境，增强慈善机构的公信力和透明度，从而吸引越来越多的公民参与慈善活动。

第五节　良好的社会保障系统

随着社会的发展，社会保障体系也必将随之而变化，一个良好的社会保障体系一定是面向未来、立足长远的社会保障体系，并与时代发展和进步密切相关。从根本来看，社会保障体系其实质就是社会财富的再分配问题，所以社会保障制度的制定应围绕根本原则进行设计和考虑，一个适应社会和国家强盛发展的社会财富再分配规则，才是真正的社会保障。

然而，任何社会财富的再分配规则都会有缺陷，必然会有规则照顾不到的地方，这时狭义的社会保障体系就是用来弥补社会财富分配规则照顾不到的地方，化解社会突发的、灾难性的社会问题。继而社会公益慈善体系，就是来弥补狭义的社会保障体系照顾不到和照顾不过来的地方。

一个良好的社会保障系统，就是由国家的社会财富再分配体系、狭义的社会保障体系和社会公益慈善体系这三个层面来整体解决一个国家的社会保障问题。

第十六章　强盛因素的指标与分析

本书所研究的国家强盛状态，是指对一个国家发展状态的研究，并非是对国家综合实力的状况研究。因为本书所研究的国家强盛状态，是对国家或国家间的发展状态的研究，主要针对国家通过自身的努力可以改变的因素进行研究。而国家总体实力的状况不但与本书所论述的因素有关，还与国家的大小、资源、人口等硬性指标有关。

本书所研究的国家强盛状态的指标与国家综合实力具有正相关性。当国家强盛指标和国家的国土面积、资源状况、人口数量等硬性指标相结合时，可以更加科学地得出一个国家的综合实力状态。比如，以新加坡和印度为例，在国家强盛状态的指标上新加坡的强盛状态指数一定高出印度很多。但是如果把新加坡的强盛状态指数和它的国家硬性指标相结合时，它的国家综合实力就无法与印度相比。假设以新加坡的强盛程度，而拥有像印度这样的国土面积、人口和资源等硬性指标，那么新加坡将是一个综合实力极强的超级大国。

第一节　国家强盛指数的因素研究

本章是关于一个国家强盛状态指数分析与评估的初步研究。一个国家是否强盛和它的强盛程度是怎么衡量和估算的呢？本书列出了十四个因素，它们是：

1. 国家组织构架
2. 国家领导人
3. 国家制度状况
4. 国家思想状态
5. 国家文化状态
6. 国家教育状态
7. 国家经济状态
8. 国家军事状况
9. 国家科技状况
10. 数据、情报、智库与信息安全
11. 国家外交能力
12. 国家人才状况
13. 种族、民族与宗教状况
14. 国家社会保障状况

假如按每一项因素平均以 10 分来计算，以上十四项因素的满分是 140 分。在这十四个因素中，每一个因素对于国家强盛的影响的占比是不同的，因此如何赋予每一个因素的百分比需要进一步研究和计算。比如，在这十四项中经济、军事、国家领导人和国家制度可能所占比重要较平均项 10 分要高，而有些因素所占比重可能要低。

由于没有相关的研究数据，本书下面的示例只是一个演示并不是严谨的评估，它是按照初步评估给出的每项因素所占比重参数的示例（以后有更严谨的数据后再加以调整）：

1. 国家组织构架 ×1.0
2. 国家领导人 ×1.2
3. 国家制度状况 ×1.5
4. 国家思想状态 ×0.9
5. 国家文化状态 ×0.8
6. 国家教育状态 ×1.1

7. 国家经济状态 ×1.5

8. 国家军事状况 ×1.2

9. 国家科技状况 ×1.3

10. 数据、情报、智库与信息安全 ×1.0

11. 国家外交能力 ×0.7

12. 国家人才状况 ×1.5

13. 种族、民族与宗教状况 ×0.7

14. 国家社会保障状况 ×0.6

以上十四项的比重是一个初步分析赋予的比重值，随着时代的发展和变化，其比重是变化的。还可以根据进一步的研究和分析，赋予每一项因素更加准确的比重。

另外，在十四项主因素中，每一项下面还要细分出若干子项，通过对子项中的项目进行对比和分析，赋予相应的参数，并计算这些参数的数值，再乘以相应主因素的占比，最终得出该主因素的数值。

由于本书出版目的不是纯学术研究报告，所以关于子项的内容和相关赋值等复杂的研究内容，在此省略。

通过数据的分析，可以和国家在自身发展的不同阶段进行对比分析，来研究国家的强盛状态，给出一个尽量客观的数据。还可以通过这些数据进行国与国之间的强盛状况的对比分析，来给出国与国之间的差距，并对国家间的发展状态进行研究。

对于每一个因素，还可以细化和量化出若干个因素，以便于更加科学和严谨地比较和研究。而且每个因素和相关的内容还要根据时代的发展和变化加以调整和改变，以更加适应时代的发展。

下面对每一个主要的因素进行试着细化和分解，以便定量和定性分析比较。

以上十四项中分出若干子项，每一个子项目满分是 10 分计算。根据每一个国家的状况不同，经过研究和分析来赋予每一个子项的分数值，最后的得分公式是：

$$\frac{a+b+c\cdots\cdots+n}{N}$$

其中 a 到 n 是每一大项下面的子项，每项得分之和除以 N，N 是子项的项目数。

子项目是初步研究确定的项目，这些项目还可以根据实际情况进行项目的改变以更加适合实际的国家情况。

每项项目数值的得出由实际研究中赋予每个子项的数值决定，这些数值在比较两个国家状况时可以是相对数值。也可以与理想强盛国家的状况来进行对比，这时可以赋予理想国家每一个子项为满分 10 分的数值，以此为比值和需要比较的国家进行数值比较分析，并赋予相应的数值。

十四个大项在求得每项的数值后，再乘以每一个大项的因素占比就得到国家强盛指数。

根据上面的相关数值可以得出理想国家的强盛指数数值满分是 150。

所有国家的强盛指数都不会超过理想国家的强盛指数，所以越是接近 150 这个数值，这个国家就越强盛。

从数值分析，超过 90 分则可称为强盛国家，超过 60 分低于 90 分则可称为普通国家，低于 60 分则可称为衰弱国家。

第二节　2012 年世界 A、B 两国强盛指数的模拟对比分析研究

本节对 A 和 B 两国，以 2012 年的强盛程度进行相关数值的模拟对比研究，由于是模拟研究，数据仅供参考。本节对 A 和 B 两国只是进行探索性的研究，得出的结果是模拟性的、参考性的数据。

A 国因素研究赋值表：

1. 国家组织构架可以分析和量化估值：

   平均指数 =8

2. 国家领导人可以分析和量化估值：

平均指数 =6.75

3. 国家制度状况可以分析和量化估值：

平均指数 =9

4. 国家思想状态可以分析和量化估值：

平均指数 =8.75

5. 国家文化状态可以分析和量化估值：

平均指数 =8.4

6. 国家教育状态可以分析和量化估值：

平均指数 =8.96

7. 国家经济状态可以分析和量化估值：

平均指数 =8.16

8. 国家军事状况可以分析和量化估值：

平均指数 =8.8

9. 国家科技状况可以分析和量化估值：

平均指数 =8.67

10. 数据、情报、智库与信息安全可以分析和量化估值：

平均指数 =8.83

11. 国家外交能力可以分析和量化估值：

平均指数 =6.16

12. 国家人才状况可以分析和量化估值：

平均指数 =8.8

13. 种族、民族与宗教状况可以分析和量化估值：

平均指数 =6.8

14. 国家社会保障状况可以分析和量化估值：

平均指数 =7.42

A 国因素比重值：

1. 国家组织构架 8 × 1.0=8

2. 国家领导人 6.75 × 1.2=8.235

3. 国家制度状况 9 × 1.5=13.5

4. 国家思想状态 8.75 × 0.9=7.875

5. 国家文化状态 8.4 × 0.8=6.72

6. 国家教育状态 8.96 × 1.1=9.856

7. 国家经济状态 8.16 × 1.5=12.24

8. 国家军事状况 8.8 × 1.2=10.56

9. 国家科技状况 8.67 × 1.3=11.271

10. 数据、情报、智库与信息安全 8.83 × 1.0=8.83

11. 国家外交能力 6.16 × 0.7=4.32

12. 国家人才状况 8.8 × 1.5=13.2

13. 种族、民族与宗教状况 6.8 × 0.7=4.76

14. 国家社会保障状况 7.42 × 0.6=4.452

通过以上数据计算得出 A 国的强盛指数：123.819。

B 国因素研究赋值表：

1. 国家组织构架可以分析和量化估值：

   平均指数 =5

2. 国家领导人可以分析和量化估值：

   平均指数 =6.875

3. 国家制度状况可以分析和量化估值：

   平均指数 =4.33

4. 国家思想状态可以分析和量化估值：

   平均指数 =4

5. 国家文化状态可以分析和量化估值：

   平均指数 =4

6. 国家教育状态可以分析和量化估值：

   平均指数 =5.11

7. 国家经济状态可以分析和量化估值：
平均指数 =5.33
8. 国家军事状况可以分析和量化估值：
平均指数 =4.2
9. 国家科技状况可以分析和量化估值：
平均指数 =3.833
10. 数据、情报、智库与信息安全可以分析和量化估值：
平均指数 =3
11. 国家外交能力可以分析和量化估值：
平均指数 =7
12. 国家人才状况可以分析和量化估值：
平均指数 =2.8
13. 种族、民族与宗教状况可以分析和量化估值：
平均指数 =6.7
14. 国家社会保障状况可以分析和量化估值：
平均指数 =3.142

B 国因素比重值：

1. 国家组织构架 5 × 1.0=5
2. 国家领导人 6.875 × 1.2=8.25
3. 国家制度状况 4.33 × 1.5=6.495
4. 国家思想状态 4 × 0.9=3.6
5. 国家文化状态 4 × 0.8=3.2
6. 国家教育状态 5.11 × 1.1=5.621
7. 国家经济状态 5.33 × 1.5=7.995
8. 国家军事状况 4.2 × 1.2=5.04
9. 国家科技状况 3.833 × 1.3=4.9829
10. 数据、情报、智库与信息安全 3 × 1.0=3

11. 国家外交能力 7 × 0.7=4.9

12. 国家人才状况 2.8 × 1.5=4.2

13. 种族、民族与宗教状况 6.7 × 0.7=4.69

14. 国家社会保障状况 3.142 × 0.6=1.8852

通过以上数据计算得出 B 国的强盛指数：68.8591。

综上所述，经过定量分析的研究得出，2012 年 A 国强盛指数为：123.819，2012 年 B 国的强盛指数为：68.8591。A 国与 B 国强盛指数之比约为 1:0.556。

以上的数值赋予为模拟性和研究性质的，因为有些因素项没有公开的数据，还有些因素项的数据不是很准确，所以部分数值准确度可能有些出入。对于有些无法获得的数据，本文只能通过外在的表现给予估值，会影响一些数值的准确性。由于以上种种问题会使研究结果的准确性受到一定的影响，所以本文得出的结论是研究探索性质的，仅供相应的研究作参考，并不一定是绝对真实地反映一个国家的强盛状态。另外，研究截止的时间是 2012 年，因为国家的发展是动态的，因此并不能代表目前的国家强盛状态，只是提供一个参考性的指标。最后再一次强调，本次研究得出的强盛指数是一个国家强盛状态的体现，而不是国家综合实力的体现。

第十七章　走向智能核心型社会

随着科技的发展，人类对生命科学的研究和人工智能的研究日益深入，伴随而来的是机器智能高速发展，这标志着人类智能总体水平正快速提高，逐渐形成智能核心型社会，这是人类发展的趋势。有人预言人类可能被自己研发的智能机器人消灭，也有人认为人类社会经过机器智能时代，会有新的飞跃。笔者认为人类的文明开始进入智能文明状态，而人类社会也将走向智能核心型社会。那么在全新的文明形态和社会形式中，智能核心型社会的状态将是什么样的呢？它究竟会给人类社会带来哪些改变？

2014 年雷丁大学主办的“图灵测试”竞赛最终以一名俄罗斯和一名乌克兰电脑专家为首的团队开发的电脑程序赢得比赛。当天比赛中，一组人类裁判以敲击键盘的形式与电脑“对话”，如果裁判认定电脑为人的比例超过 30%，则电脑通过测试。获得优胜的电脑名为“尤金・古兹曼”，伪装成 13 岁的乌克兰男孩。在一系列每次为 5 分钟的问答测试后，“古兹曼”被认作人类的比例达到 33%，成功通过测试。雷丁大学客座教授凯文・沃里克认为，比赛结果具有“里程碑”式意义。相比以往，这次的活动采用最具即时比较性的测试方式，可独立验证。而且，重要的是，对话没有限制，真正的图灵测试不预先设定问题或话题。这次测试是人工智能发展的里程碑，也标志着人工智能时代的到来！

2015 年埃隆・马斯克在波多黎各的一个度假胜地参加了一场有关“智力爆炸”的闭门会议。会议讨论了人工智能在认知能力上不受控制的飞跃，埃隆・马斯克和物理学家斯蒂芬・霍金担忧，有朝一日这将给整个人类带来灭顶之灾。这是一次有关人工智能伦理的会议，会议的主题是“人工智能的未来：机遇与挑战”。

在过去五年中，人工智能——特别是被称为“深层神经网络”的人工智能算法的快速发展，使人工智能主导的产品在我们的生活中越来越占据着中心和前沿的地位。谷歌、Facebook、微软和百度等公司，都在以前所未有的速度寻找人工智能研究者，投入数以亿计的美元，试图开发出更好的算法和更智能的计算机。

几年之前，人们认为似乎无法解决的人工智能难题如今逐渐被攻克，这推动了安卓系统的语音识别；使Skype能像《星际迷航》里那样进行即时的翻译；谷歌公司正在研制自动驾驶汽车，以及可以自动学习如何分辨某类视频的计算机系统；机器狗如今的行走能力也越来越接近现实中的狗了。计算机视觉已经开始应用；语音识别也开始应用，人工智能系统有相当快的发展速度，这些科学家开始向人工智能产品的开发者发出呼吁：要考虑开发过程中的伦理问题。在这次波多黎各的会议上，代表们签署了一封公开信，承诺进行目的健康、积极的人工智能研究，避免误入歧途。

从谷歌公司开发的无人驾驶汽车，到美联社用机器人记者写新闻报道，都预示着未来的社会，在解放了人类的体力劳动后，即将迈入一个全新的解放人类脑力劳动的时代。这个时代将极大地释放人类的知识力量，必将为人类带来一次全新的飞跃，也会改变国家和社会的组织结构体系。面对这样全新的组织结构体系，必然需要全新的社会制度体系来适应全新的社会结构，还需建立和完善相应的社会思想体系，这样人类才能更好地把握全新的社会形式给人类带来的巨大变化。

同时也有很多科学家提出警告，认为人工智能有可能会毁灭人类。其中就有史蒂芬·霍金、埃隆·马斯克等百余名位科学家、企业家、投资者联名签署的一封公开信，提醒人们关注人工智能的安全性和社会效益。公开信表示，随着人工智能研究的发展，它对社会的影响可能也会越来越大。由于人工智能具有巨大的潜力，研究如何在规避潜在威胁的同时从中获得益处便十分重要，“我们的人工智能系统必须按照我们的意愿工作”。近来，随着人工智能的发展，越来越多的人开始担心机器的智能会超越人类，从而抢夺人类的工作，甚至危及人类的生存。马斯克曾多次公开表示对人工智能的担忧，他认为，不受控制的人工智能比核武器还危险。

想一想，以前只能由人来干的工作，现在已经可以由智能机器来干，这意味着很多行业和领域将改变或消失，随之而来的是各种新兴领域和行业的诞生，而且这将会更快地到来，逼迫你改变，如果不改变就将被淘汰。今天的世界，电子商务已经迅速地改变着世界商业的格局，实体商业很多都将消亡。世界上很多工厂都将无人化，发达国家的工厂已经开始回到本土进行生产，不只是成本的问题，更重要的是制造领域的机器人化的结果，伴随而来的是落后国家的失业潮。社会财富更加集中于发达国家和富人群体，财富的这种效应如果没有全新的社会财富再分配制度的制约，贫穷国家和贫穷人口所造成的社会不稳定和恐怖主义行为将更加广泛。

大量由机器取代的人类社会，将使人类完全摆脱体力和非创造性的脑力劳动，智能时代发展到一定阶段甚至取代人类的创造性脑力劳动，那时无可事事的人类将走向何方？在这样的智能核心型社会，谁掌握了智能技术发展的核心和前沿，谁就拥有了掌握世界的能力，世界有可能被人脑智能和机器智能高度结合的智能先进的国家或组织所领导和掌握。其实在今天，拥有大数据和数据挖掘的公司已经在掌控着人们的习惯，甚至一切。如果没有严格的法律制度的制约，人类有可能陷入一个自我编织的隐性奴隶体制的网中，难以自拔！甚至是黑客帝国中的人类社会状态。这也许是人类的进步，但也可能是人类的悲哀！

在智能核心型社会，人类可能轻易地被一个国家甚至是一个掌握了先进智能技术的组织所掌控，如果没有严格的组织体系和制度来进行预防性的控制，那人类社会将会怎样？

当人们还执迷于核武器的威慑力时，也许智能技术可以完全不费丝毫之力，使核武器成为一堆废物。而真正的大规模杀伤武器也许是智能生物武器，它能轻而易举地毁灭整个人类甚至所有生命体。这也许是人类的宿命，但不希望它成为现实！

在这样的智能核心型社会，生命的概念也许要重新定义，可能不止有机体的生命叫生命，由智能机器形成的机器生命也许会延续人类的存在，但是那将是一个什么样的社会呢？太多的疑问，太多的未来，太多的不确定性！今天的人类社会，正如神话故事中的潘多拉，人类社会已经用智能技术打开了潘多拉的盒子，这个盒子给人类带来的是幸福还是灾难现在无法确定，但是如果人类社会把握得好也许还有希望！

第一节　世界政治趋向一体化

今天的国际政治格局还处在一些大国主导的均势状态下，面对技术的发展尤其是互联网技术的发展，人类社会已经处于一个社会转变的临界点，技术的进步是促成人类社会这一巨大转变的关键因素。计算机网络的发展，移动智能机器和大数据技术的应用等，已经使得人类可以在新的格局下良好运作，但还是欠缺人类未来政治模式以及相对应的思想基础。这样的基础正在逐步成熟中，像谷歌、Facebook、微信、网络游戏等已经在改变人们对世界的认识，国家的观念也在全球化浪潮和互联网发展下改变。

人类交通科技的发展已经使得地球成为24小时就可以到达的城市。可以这样比喻，在人类步行时代，假设每小时走5公里，那么24小时走120公里。可见今天人类交通的进步有多大，那么在这样突飞猛进的人类速度面前，国家的地理观念也已经改变，世界在其他各个方面也越来越趋向一体化方向发展。

回顾人类的历史，纵观当今的世界，因为战争、民族、种族和宗教信仰等导致的人类苦难和悲惨事件无处不在，而国际政治的现有状态可以说是这些人类悲剧的重要根源之一。历史上由于地理隔绝的原因，人类在东方的中国和西方的古罗马时期，有过相对的准单一政府时期。如果除去王朝更替的乱世，人类在准单一政府治理下还是得到了相对安定美好的生活，这样的时期在中国称之为盛世，在这样的时期人类社会得到了快速繁荣的发展。

今天的世界正在逐渐走向一体化时代，新的国际政治体系似乎离我们已经不太遥远，甚至是在我们的有生之年都有可能见证这样一个时代的到来。面对这样时代的到来，我们准备好了吗？这样的未来我们将怎么去做？怎样做才能更好地推进世界进入更加美好的未来，面对这一切我们人类将做出怎样的选择？面对未来，如果说虚拟的网络世界终将变成现实的人类世界，那么今天网络世界所传播的各种人类的行为准则和思想对于未来的世界影响巨大，但网络思想符合人类的终极利益吗？一切都有待观察！

第二节　建立全新的国际政治组织结构与制度

面对未来全新的国际政治体系，必将有一套全新的适应世界发展的社会组织结构和管理制度体系，来更好地促进人类的发展和进步。这样的组织结构和管理制度将是什么样的呢？这需要人类进行组织结构的创新和管理体系的创新，对于人类社会和国际政治也是一个巨大的考验。

当然，这不是无法解决的难题，今天基于互联网和移动智能终端的大数据处理系统，为人类组织结构的建立打下了基础。在机器智能的帮助下，组织结构建设和管理制度完全可以做到精确到人的管理。但是这种基于大数据和机器智能的管理如果跨越了管理的边界，人类也很容易被这种庞大而精确的组织结构和管理体系所奴役，使得人类在这样的国际政治体系下成为新时代的被奴役者。

人类社会不仅可以在技术的进步下摆脱体力工作的束缚，还可以在机器智能的进步下摆脱非创造性的智力工作，人类社会生产力将得到空前的发展。面对这样的发展，社会的组织机构和管理制度必将改变，探索和研究适应这样的社会和单一国际政治的组织结构和管理制度，是目前社会学家们值得研究的课题。这些课题的超前性研究是对未来社会走向的最好指引，是避免人类在这难以捉摸的未来犯致命错误的关键思想因素，这些思想对人类社会的发展所产生的影响将巨大而深远。

第三节　人脑智能与机器智能

今天，随着机器智能逐渐强大，机器智能应用将遍布我们的世界，身边到处是智能机器的身影。科学家预言人类创造的机器智能有可能成为人类潜在的巨大威胁，甚至导致人类灭亡，人类如果不能前瞻性地对机器智能进行规则制定，那么预言就有可能会成为现实。当然，机器智能和人类大脑的智能目前还不能同日而语，但是并不排除机器智能超越并取代人脑智能这种后果的出现。可以肯定的是，人类目前已经越来越不能离开机器智能，而机器智能也和人脑智能结合得越来越紧密，甚至有一天人类的大脑智能可能和机器智能融合在一起，使人类的能力得到空前的提升。

人类的大脑也是由神经细胞进行计算和存储的，计算机是由晶体管做成的，晶体管通过对电流的控制，以二进制的形式，形成了存储和计算，脑细胞也是神经细胞依靠类似的原理进行记忆与思考，也是二进制。脑细胞和电脑芯片完全是同一理论。按照摩尔定律，计算机的晶体管数量每十八个月到二十四个月翻一番，计算机这样不断进化。而人类的细胞几千年来就没有改变过，不过这种状况将会随着人类对大脑的科学研究而逐渐得到改变和解决，当人类大脑运行的原理最终被攻克之后，人类自身的发展尤其是大脑智能的发展将得到新的拓展，一旦人脑智能和机器智能更加紧密的结合，人类新的文明和发展将改变未来！

如果没有基因技术和对大脑研究的突破，人类的大脑还将保持现状，迟早有一天计算机的智能会超过人类的大脑，如果按照软银董事长孙正义的演讲，计算机单片机的晶体管数量与人类大脑神经细胞等效的计算数量在 2018 年将会超过人脑，如果再以摩尔定律推算，2018 年之后的 30 年后，更进一步，想想 300 年后。300 年后，就是 10 的 60 次方倍，远远超过脑细胞的数量，迄今为止人类是地球上用脑细胞工作的生命体中数量最多的，而拥有超越人类智能之力的将是计算机。在未来人类思维的能力将不是人类的特权，孙正义认为："烦恼、想象、创造是人类的特权，电脑今后也将拥有自学能力，电脑自己编程的时代将会到来，今后的世界将像是科幻小说一样，脑构造计算机一定会诞生，能比人类更加敏锐地洞察和发明，搭载这种计算机的机器人会超过人类，不与其共存就没有未来，我相信人类与优秀的机器人能够幸福地共存。”

如果再加上物联网技术和云计算与存储技术，未来的机器智能将主导人类社会的各个领域，人类也将因此产生巨大的改变，这些改变结合基因技术和人类大脑运转之谜的揭开，由机器智能与人脑智能的结合所形成的智能核心型社会将改变人类的未来、世界的未来！

互联网的发展已经使得全人类的知识都存储在这个庞大的机器网络之中，而人类可以轻松地获取各种知识，无须像过去没有互联网时代的人们需要记忆各种知识。而人类大脑最重要的能力，是目前机器智能所无法比拟的，那就是创新性的创造力，以及人类的思辨能力等机器还无法实现的功能，因此我认为，人类未来是人脑智能和机器智能相互促进和补充的世界。这将使得人类获得巨大的创造性飞跃，人类甚至进入一个通过机器智能得以永生的世界，当然这种永生是活在机器里的永生。而人类肉体的永生，虽然不敢断言，但是通过未来高科技的发展使人类寿命得以延长是有可能实现的。

第四节　人类主动进化与优化

上节中讲到人类的未来可能获得在机器里的永生，这一节则主要探讨人类自身的发展。作为世界上最高级的灵长类动物，人已经在生物进化的过程中遇到了生物学意义上的瓶颈，而人类的自然进化已经远远落后于技术进步对人体自身的要求。但是，基因技术的发展和生物科学的进步，使人类今天已经有能力通过对自身基因的改造，进行人类的主动自我进化和生物学方面的优化。这是人类未来不可避免的改变，但是因此而导致的人类伦理观念的改变对人类社会将是一个巨大的考验。

今天，关于生命和人类自身的基因技术的发展，已经迈进全新的领域，生命必将因此而改变它的自然进化和发展，因为自然进化和发展是极其缓慢的过程。随着基因技术的深入，生命世界已经开始从被动缓慢的进化，转入主动的、快速的生命进化与优化阶段，这是人类发展不可避免的过程，不管人们支持还是反对，因此主动掌握先进的基因技术是国家强盛和发展的核心动力之一。

未来，人类的生命也许可以数字化，生命的信息可以被储存、克隆、改写，人类可以通过修改“生命程序”治愈肿瘤甚至返老还童。人类是以碳元素为主要构成的生命体，也是以基因为核心的程序体，计算机是以硅元素为主体构成的系统，如果将人类基因科学与计算机技术结合，人类生命和人脑智能将会是怎样的发展！人脑智能和机器智能的相互融合与促进，再加上物联网、大数据、云计算、云存储、自动学习、数据挖掘等技术，对于人类乃至世界将会产生什么样的改变！

除了对自身基因进行主动改变之外，将机器和人类的肉体进行紧密结合型的进化与优化可能更加激进，而人类终极的进化有可能是将人类自身的肉体生理体系，最终转变成电子信息体系。当然这也许太科幻，但是如果随着技术的进步，人类最终掌握了人类大脑的运转原理，那么通过技术转变把人的大脑完全信息化，也是可以做到的。人类想要更长久的生活在世界上，乃至宇宙中，这种人类自身的主动进化必然是历史发展的自然需要导致的结果。

第五节 走出摇篮 奔向宇宙

地球是人类的摇篮，但是人类不可能永远在摇篮里而不走出去。人类要想走出地球，奔向宇宙，必将在各个方面改变自己，无论是从智慧还是生理，这些改变将是适应全新宇宙环境的改变，且人类的社会结构和组织制度等都将随之而改变。回望人类的文明，如果从农耕文明开始定义人类的文明状态，那么作者认为人类经历了五个文明状态，它们依次是农耕文明状态、贸易文明状态、工业文明状态、金融文明状态，到即将进入的智能文明状态，但是人类未来的文明状态还将会发展和进化。

生物界的昆虫通过蛹化而成为美丽飞翔的蝴蝶，人类将会通过技术来实现质的飞跃，像昆虫化蛹成蝶一样实现人类全新的转变，进入宇宙这一全新的广阔世界。

未来难以预知，人类最终将走向何方，结局如何我们无法给出最终的答案。这可能是对人类未来无限的遐想，也许真有一天，肉体承载的人类消失在宇宙中，但是信息化的人类也许能更加长久地存在于宇宙当中，这也许是人类社会进入智能核心型社会后的未来发展趋势，甚至可以暂且定义为信息文明状态。人类的未来也好，其他的未来也好，都有着巨大的不确定性，未来往往会和展望内容难以相符，但是我坚信人类的未来必然是在当下人类集体意识的驱使下，不断发展而得以实现的，这才是人类自己的未来。

后记

什么样的国家才具备强盛的条件，如何从羸弱走向强盛，它的道路是怎样的？在写这本书之前，这些疑问一直萦绕于心！很多人由于对当今东西方强盛对比的感性认识，首先可能就会想到民主和自由是强盛的关键，而独裁和集权是国家落后的因素，我一开始也迷惑于此。无论是从历史还是当今世界的国家来看，很多民主国家还是没能成为强盛的国家，历史上的民主国家如古希腊的雅典也灭亡了，而所谓独裁和集权的制度体系在历史的长河中却造就了一个又一个强盛的国家和王朝。这真是令人迷惑的事情。

请各位读者注意，本书主要是从学术的角度探讨一个国家如何通往强盛之路，一个国家通往强盛之路所需具备的基础条件以及什么样的组织结构是最适合的。本书并不是讨论民主自由和独裁集权的问题，在历史和当今成功走向强盛的国家当中，有集权的体制也有民主的体制，这给我的感受是无论何种体制只要有符合强盛的条件和要素就有可能走向强盛。

面对曾经的困惑与疑问，我阅读了古今中外大量的书籍，想从中找到答案。为了系统地学习相关知识，2006 年我经时任全国政协常委，原文化部常务副部长、全国文联党组书记高占祥老领导的推荐，去中国人民大学国际关系学院国际政治专业系统学习相关知识，在人民大学学习期间，学校的很多教授给予了我很大的帮助和启发，使我在国际政治领域受到了很好的教育和指导。他们是景跃进、金正昆、金灿荣、时殷弘、萧延中、黄嘉树、林甦、房乐宪、李景治、李宝俊、查道炯、罗天虹、蒲国良、刘青建、刘丽云、徐莹、王英津、孙龙、陈晖等老师，在此对他们表示衷心的感谢！

在这里也衷心地感谢老领导高占祥部长及夫人林秀珍女士！

也感谢时任高占祥工作室主任的张文麟老师和李文中先生！

还要感谢所有帮助和支持我的领导、老师和各界朋友！感谢我的家人，尤其是我的父母和夫人，是他们默默无私的帮助使我有了今天的成绩！